# Jean
# PROUVÉ

# Jean PROUVÉ

Möbel/Furniture
Meubles

Taschen

UMSCHLAG / COVER / COUVERTURE:
Siège de repos «Antony», 1950
(Detail) Sessel/Chair/Fauteuil

SCHMUTZTITEL / FLY TITLE / PAGE DE GARDE:
Stuhl und Tisch/Chair and table/Chaise et table
Federzeichnung auf Briefumschlag/Pen drawing on envelope/
Dessin à la plume sur enveloppe
Undatiert/Undated/Non daté

FRONTISPIZ / FRONTISPIECE / FRONTISPICE:
Jean Prouvé vor seinem Haus in Nancy, um 1955
Jean Prouvé in front of his house in Nancy, c. 1955
Jean Prouvé devant sa maison de Nancy, vers 1955

© 1991 Benedikt Taschen Verlag GmbH
Hohenzollernring 53, D-5000 Köln 1
© 1991 VG Bild-Kunst, Bonn
© 1991 Stuhlmuseum Burg Beverungen / TECTA Lauenförde
Mit freundlicher Unterstützung des Jean-Prouvé-Archivs im
Stuhlmuseum Burg Beverungen/TECTA, Lauenförde und der
Familie Prouvé
Design: Peter Feierabend, Berlin
Text: Jan van Geest, Delft
Dokumentation und Beratung: Josef-Maria Breiden, Köln
Deutsche Übersetzung: Hans Jürgen Terjung, Köln
English translation: Hugh Beyer, Cologne
Traduction française: Thérèse Chatelain-Südkamp, Cologne
Photos: Peter Strobel, Köln
Reproduktionen: Krefting & Melcher, Düsseldorf
Satz: Utesch Satztechnik GmbH, Hamburg
Printed in Germany
ISBN 3-8228-9751-5

| **Inhalt** | **Contents** | **Sommaire** |

6  Die Möbel von Jean Prouvé
*von Jan van Geest*

33  Stühle und Sessel

93  Tische

123  Verschiedene Möbel

150  Legenden

154  Jean Prouvé: Leben und Werk
*1901–1984*

157  Wichtige Werke

160  Bibliographie
Ausstellungen
Danksagung

6  Jean Prouvé's furniture
*by Jan van Geest*

33  Chairs and armchairs

93  Tables

123  Various furniture

150  Captions

155  Jean Prouvé: Life and work
*1901–1984*

157  Important works

160  Bibliography
Exhibitions
Acknowledgements

6  Les meubles de Jean Prouvé
*par Jan van Geest*

33  Chaises et fauteuils

93  Tables

123  Différents meubles

150  Légendes

156  Jean Prouvé: Vie et œuvre
*1901–1984*

157  Principaux ouvrages

160  Bibliographie
Expositions
Remerciements

## Die Möbel von Jean Prouvé

I.

Als Konstrukteur, der er in erster Linie war, hatte Jean Prouvé die Angewohnheit, in Interviews und bei Lesungen andauernd Bleistift oder Kreide zur Hand zu nehmen. Auf Papier oder auf einer Schultafel fertigte er dann Skizzen an, um das Konstruktionsprinzip seiner Entwürfe zu verdeutlichen. Als Mann der Praxis bevorzugte er diese anschauliche Erklärungsmethode gegenüber der verbalen. Es ging schneller und war effektiver, zumal Prouvé geschickt mit dem Zeichenstift umzugehen wußte.

Eine dieser Skizzen zeigt das Konstruktionsprinzip eines verstellbaren Stahlblechstuhls *(chaise inclinable en tôle d'acier)*, den er selbst auf das Jahr 1924 datierte (Abb. S. 35). Er zeichnete den Stuhl in der Seitenansicht. Das wichtigste konstruktive Prinzip ist im Untergestell zu erkennen. Die auf einen Stuhl einwirkenden Kräfte werden an zwei Seiten gebündelt, dann senkrecht nach unten geführt, schließlich schräg nach unten verteilt und auf den Boden geleitet. Dieser Kräfteverlauf wird direkt sichtbar gemacht.

Die Skizze enthält gleichzeitig einige Details der Stahlblechprofile, aus denen das tragende Gefüge konstruiert war. Prouvé zeichnete auf, wie dieses Material gepreßt, gefalzt und gebogen war: Diese Skizze ist so deutlich, daß ein Blechschlosser sofort an die Arbeit gehen könnte.

Einen anderen Stuhlentwurf, den er auf 1925 datierte, stellte er in einer Explosionszeichnung dar (Abb. S. 39). Auch dieses Sitzmöbel, das noch am ehesten an einen Autositz erinnert, ist verstellbar. Seiten und Untergestell bestehen aus zwei Halbkreisen, Sitz und Rückenlehne sind aus zwei Schalen geformt, die sich über eine Achse in einem Scharnier drehen. Das Möbel ist wiederum in zerlegtem Zustand dargestellt, wodurch der Aufbau dem Betrachter erläutert wird. Die Zeichnung läßt außerdem annehmen, daß der Stuhl in dünnem Profilstahlblech ausgeführt ist. Dieses Material wurde Ende der zwanziger

## Jean Prouvé's furniture

I.

Jean Prouvé (1901–1984) was first and foremost a design engineer technician. In interviews and lectures he would forever be reaching for a pencil or stick of chalk, to illustrate his construction principles on paper or a blackboard. He preferred visual demonstration to verbal: a practical man, he found it faster and more efficient, especially as he could draw very skilfully.

One of his sketches shows the design principles of an adjustable chair made of sheet-steel *(chaise inclinable en tôle d'acier)*, which he himself dated 1924 (ill. p. 35). The sketch is a side view. The crucial structural principle resides in the supporting framework: the forces acting in and on the chair are concentrated at two sides, guided vertically downwards and then dispersed along diagonals towards the floor. The sketch makes the distribution and direction of the dynamic forces clearly visible.

In the same sketch, Prouvé also rendered several details of the sheet-steel sections which formed the support. The drawings show how the material was to be moulded and bent; they are so explicit that a sheet metal worker could use them as instructions to work from.

Prouvé sketched an exploded view of another chair, designed in 1925 (ill. p. 39). This chair, perhaps most reminiscent of a car seat is adjustable. The sides and supporting frame consist of two semicircles, and the seat and back are concave plates hinged to a single axis. The sketch, which shows the chair in disassembled state (as it were) for the sake of clarity, suggests that the chair was made of thin sections of sheet-steel, which was to become Prouvé's preferred material at the end of the 1920s.

Prouvé's drawings exemplify an approach characteristic of the mechanical engineer. For instance, it is by means of exploded views that car mechanics are taught the different parts of an engine as well as how to disassemble and assemble it. Prouvé

## Les meubles de Jean Prouvé

I.

Jean Prouvé (1901–1984) a toujours été avant tout «un constructeur qui tendait constamment» la main vers un crayon ou un morceau de craie lors de ses interviews ou de ses conférences. Il était fréquent qu'il illustre ses principes de construction par des croquis sur du papier ou au tableau. Une démonstration graphique de ses idées lui semblait préférable à une explication orale. En homme pratique, il considérait que ce genre de démonstration était bien plus rapide et efficace, et cela d'autant plus qu'il était fort bon dessinateur.

L'une de ses esquisses représente les principes de construction d'une *chaise inclinable en tôle d'acier,* dessinée de profil et qu'il data lui-même de 1924 (ill. p. 35). L'élément le plus important est ici le support de la chaise. Les forces qui agissent sur une chaise sont concentrées sur deux côtés, dirigées en ligne droite vers le bas puis réparties obliquement vers le bas et finalement dispersées en faisceau vers le sol. La direction des forces est ainsi nettement visible.

Sur cette même esquisse, il a également illustré plusieurs détails de la tôle d'acier profilée qui constitue la charpente de soutien. Le dessin indique comment le métal a été serti et embouti et plié, et il est si précis qu'un tôlier pourrait tout de suite se mettre à l'oeuvre.

Pour la représentation d'une autre chaise, conçue en 1925, Prouvé dessina «une vue éclatée» (ill. p. 39). Cette chaise, qui évoque plutôt le siège d'une voiture, est elle aussi inclinable. Les côtés et le support se réduisent à deux demi-cercles, le siège et le dos sont composés de deux coques qui tournent autour d'un axe dans une charniére. Pour une meilleure compréhension des principes de construction, tous les éléments dissociés de la chaise sont, ici aussi, reproduits fidèlement. Le dessin laisse en outre supposer que la chaise est réalisée dans une fine tôle d'acier profilée. Vers la fin des années vingt, Prouvé témoigna une

Jahre zu Prouvés bevorzugtem Konstruktionsmaterial.

Schon Prouvés Zeichnungen verraten ein Herangehen an den Entwurf, das für einen Maschinenbauer oder Konstrukteur charakteristisch ist. Automobilmonteure werden mit Explosionszeichnungen instruiert, wie z. B. ein Motor aufgebaut ist und wie er zerlegt werden kann. Auf eine Betonung der »reinen« Form wird ausdrücklich verzichtet – oder besser: Sie scheint in Prouvés Überlegungen keine Rolle gespielt zu haben.

Die beiden genannten, von Prouvé gezeichneten Stühle sind auch gebaut worden. Das ist nicht weiter verwunderlich, da er sich nie mit Konstruktionen aufhielt, die nur auf dem Papier vorstellbar waren. »Nicht zeichnen, was nicht ausführbar ist«[1], sagte er 1970.

Konstruktive Vernunft, Metallbearbeitung nach den neuesten Verfahren und Unternehmungsgeist: Diese drei Eigenschaften waren die Voraussetzungen seiner besonderen Stärke und Originalität. Er bewies sie als Entwerfer und Hersteller vorgefertigter Häuser, Bauteile und Möbel.

II.

Schon 1923 wunderte man sich über Prouvés unorthodoxe Art des Entwerfens. »Aus welcher Welt ist dieser unbefangene junge Mann herübergekommen?«[2] fragte sich Victor Guillaume damals. Im nachhinein könnte man diese Welt als die der Metallindustrie bestimmen. 1923 aber war dem Kunstschmied Prouvé diese Branche noch weitgehend unbekannt.

Jean Prouvé wurde 1901 in Paris geboren. Seine Eltern stammten aus Nancy und blieben nur kurz in der Hauptstadt. Im selben Jahr wurde Prouvés Vater, der Maler Victor Prouvé, zum Mitbegründer der sogenannten Schule von Nancy. In dieser Lehranstalt einer Provinzialvereinigung der Kunstgewerbe (Alliance provinciale des Industries d'Art), sollten Theorie und Praxis des Kunsthandwerks, wie sie sich in Nancy

*Emile Gallé: Le Vase Prouvé, 1896*
Schmiedeeiserner Sockel von Jean Prouvé, um 1918.
Wrought iron base by Jean Prouvé, c. 1918.
Monture en fer forgé par Jean Prouvé, vers 1918.
Musée de l'Ecole, Nancy

deliberately dispensed with aesthetic considerations of »pure« form – or, to put it more clearly, such considerations seem never to have entered into his calculations. The two chairs sketched by Prouvé were also built. This is no surprise in itself, since Prouvé was not one to waste time on designs destined to remain on the drawing board. »Never design anything that cannot be made«[1], he said in 1970.

Constructive ingenuity, the latest metalworking techniques and a spirit of enterprise – these were the qualities that gave Prouvé his distinctive strength and originality and which he demonstrated time and again as designer and producer of prefabri-

prédilection accrue pour ce matériau. Il est possible de constater sur ses esquisses qu'il abordait ses projets sous l'optique de l'ingénieur-mécanicien, ou du constructeur. Ainsi, à l'époque, il était d'usage d'enseigner la construction automobile à l'aide de «vues éclatées» qui montraient par exemple comment un moteur est construit et comment on peut le démonter. Dans ces vues éclatées, on renonçait délibérément à accentuer l'«esthétique» des différents éléments – tout du moins, une telle considération semble être restée étrangère à Prouvé.

Les deux chaises dessinées par Prouvé furent finalement réalisées. Chose assez logique en somme, étant donné qu'il n'aurait jamais gaspillé son temps à concevoir un objet qui n'aurait vécu que sous forme de dessin. «Ne rien dessiner qui ne soit exécutable»,[1] conseillait-il en 1970.

Ingéniosité dans la conception, utilisation des dernières techniques du travail des métaux et esprit d'entreprise: grâce à ces trois qualités, Prouvé put développer cette rigueur particulière et cette originalité qui apparaissent au niveau de la conception et de la construction dans ses maisons préfabriquées, dans ses éléments de construction ainsi que dans ses meubles.

II.

Dès 1923, ses procédés insolites de construction commencèrent à troubler profondément les esprits. «Mais ce jeune homme candide, de quel monde arrive-t-il?»[2] se demandait Victor Guillaume. Il devait s'avérer plus tard que c'était du monde de l'industrie métallurgique. Toutefois en 1923, à l'époque où Jean Prouvé était ferronnier d'art, il ignorait encore tout de cette branche industrielle.

Jean Prouvé est né en 1901 à Paris. Ses parents, qui ne restèrent que peu de temps dans la capitale, venaient de Nancy et ne restèrent que peu de temps dans la capitale. C'est en cette même année de 1901 que son père, le peintre Victor Prouvé, par-

und Umgebung entwickelt hatten, gelehrt werden. Die Schule von Nancy wurde ein wichtiges Zentrum des Jugendstils. Ihre Bemühungen um das Kunsthandwerk gingen weit genug, um sie mit Vorläufern wie dem Arts and Crafts Movement in England, aber auch mit den späteren Reformbewegungen, z. B. dem Deutschen Werkbund und der Wiener Werkstätte in Österreich, vergleichen zu können.

In der Schule von Nancy suchten unter anderem Emile Gallé und die Gebrüder Daum, der Möbelmacher Louis Majorelle und Victor Prouvé – der die Figurenkompositionen für seinen Freund Emile Gallé entwarf – mit der gedankenlosen, ständig wiederholten Ornamentik der »Neo-Stile« des 19. Jahrhunderts abzurechnen. Natur war für sie der Ausgangspunkt, doch die von ihnen vertretene Ornamentik beruhte nicht allein auf Naturimitation, sondern vor allem auf einer Analogie zur Natur. Das natürliche Wachstumsprinzip wurde zum Leitfaden der Gestaltung. Die Blumenmotive auf Gallé-Vasen schwingen mit den Formen, die ihrerseits etwas Pflanzliches haben (Abb. S. 9). Man betrachtete diese organischen Formen als zweckmäßig, weil die Natur selbst so aufgefaßt wurde.

1976 sagte Jean Prouvé über seinen Vater, der als Maler, Modellierer, Bildhauer und Grafiker fast alle Handwerke der Schule von Nancy in einer Person vereinigte: Er »hat mir Grundsätze eingeprägt, von denen ich nie abgewichen bin. Erstens: Kenntnisse der Vergangenheit erwerben. Zweitens: niemals plagiieren. Drittens: immer die fortschrittlichsten Mittel beim Entwerfen verwenden«[3]. Vor allem die beiden letztgenannten Grundsätze haben Prouvé anhaltend beeinflußt.

Jean Prouvé war zehn Jahre alt, als ihn sein Vater zu einem Kunstschmied mitnahm, um in Erfahrung zu bringen, ob sein Sohn sich für dieses Metier interessieren würde. Seit jenem Tag wußte Jean, wie er später erzählte, was er werden wollte: Schmied und Konstruktur (ferronnier-constructeur).

cated houses, building components and furniture.

II.

As early as 1923 there was considerable bewilderment at Prouvé's unusual approach to design. »From what kind of world«, wondered Victor Guillaume at the time, »did this young man come our way?«[2] In retrospect it seems that the world in question was the metal industry, although in 1923 Prouvé, then a young art-metal worker, was largely unfamiliar with the industry.

Jean Prouvé was born in Paris in 1901. His parents, who lived there for only a short time, came from Nancy. In the same year, Jean's father, the painter Victor Prouvé, co-founded the Ecole de Nancy. This college, run by a provincial association of arts and crafts (the Alliance Provinciale des Industries d'Art), taught the theory and practice of the crafts that flourished in and around Nancy. The Ecole de Nancy became a major centre of Art Nouveau. Its emphasis on handicrafts was comparable with its forerunner, the Arts and Crafts Movement in England, and subsequent reformist movements such as the Deutsche Werkbund in Germany and the Wiener Werkstätte in Austria.

At the Ecole de Nancy, the glass artist Emile Gallé and the Daum brothers, the furniture designer Louis Majorelle and Victor Prouvé (who designed figure compositions for his friend Gallé) were among those attempting to find alternatives to the repetitive ornamentation of nineteenth-century styles labelled neo-this or neo-that. They took Nature as their point of departure, whereby the kind of decorative work they advocated was not simply an imitation of Nature, but was based on analogy. Their guiding principle was the idea of natural, organic growth. Thus Gallé's flower motifs rhythmatize the contours of the vases they adorn, contours themselves not unlike plant forms (ill. p. 9). These organic forms

ticipa à la fondation de L'Ecole de Nancy. Il s'agissait d'un établissement professionnel faisant partie de «l'Alliance provinciale des Industries d'Art» et où étaient enseignés, en théorie et en pratique, les différents métiers artisanaux qui s'étaient développés à Nancy et dans les environs. L'Ecole de Nancy fut un centre important de l'Art nouveau et son engagement au service de l'artisanat alla si loin qu'elle peut soutenir la comparaison avec les précurseurs de l'Art nouveau, comme le mouvement «Arts and Crafts» en Angleterre, mais aussi avec des mouvements réformateurs ultérieurs tels que le «Deutsche Werkbund» en Allemagne et les «Wiener Werkstätten» à Vienne.

Dans l'Ecole de Nancy, les artistes-verriers Emile Gallé et les frères Daum, l'ebéniste Louis Majorelle ainsi que Victor Prouvé qui dessinait des groupes figuratifs pour son ami Gallé essayaient tous de s'éloigner de l'ornementation aux répétitions sans fin des «néo-styles» du XIXème siècle créée ou non par des procédes industriels. Ils prenaient la nature comme point de départ. Toutefois, le style d'ornementation qu'ils préconisaient ne se basait pas sur l'imitation de la nature, mais sur une analogie avec elle (ill. p. 9). Leur principe directeur se basait sur l'idée de la croissance naturelle. Les motifs de fleurs qui apparaissent sur les vases de Gallé servent à accentuer les formes qui sont elles-mêmes une évocation de plantes. Ces formes organiques étaient considérées comme fonctionnelles, car c'est ainsi qu'ils voyaient la nature.

En tant que peintre, modeleur, sculpteur et graveur, Victor Prouvé représentait pratiquement à lui seul toutes les disciplines enseignées à l'Ecole de Nancy et en 1976, Jean Prouvé affirmait en évoquant son père: «Il m'a inculqué des principes auxquels je n'ai jamais dérogé: acquérir la connaissance du passé, ne jamais plagier, ne cesser de créer par les moyens les plus progressistes.»[3] Jean Prouvé resta tou-

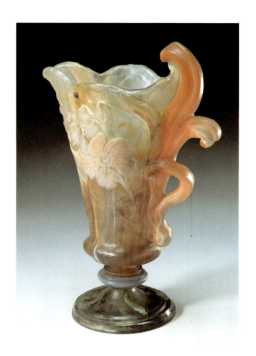

*Emile Gallé:*
Bechervase / Goblet vase / Vase en forme de gobelet, 1900
Musée de l'Ecole, Nancy

*Louis Majorelle, Auguste et Antonin Daum:*
Kaktus-Lampe / Cactus lamp / Lampe-cactus, 1900
Musée de l'Ecole, Nancy

*Emile Gallé:*
Pilz-Lampe / Mushroom lamp / Lampe-champignon, 1900
Musée de l'Ecole, Nancy

In Paris kam er im Alter von fünfzehn Jahren nacheinander in die Lehre bei Emile Robert und anschließend bei Szabo. Beide waren Kunstschmiede (ferronnier d'art).
Das Kunstschmiedehandwerk war in der Architektur des 19. und zu Beginn des 20. Jahrhunderts ein sehr gefragtes Gewerbe. Prouvés Lehrmeister lieferten repräsentative Gitter, Türen und Brüstungen. Sie verstanden es, mit Feuer, Hammer und Amboß das Eisen zu dem Pflanzenreich entlehnten Motiven zu formen, die charakteristisch für die angewandten Künste des französischen Jugendstils waren.
Die Ökonomie des Schmiedehandwerks liegt in der Effektivität des Hammerschlags. Jean Prouvé beherrschte sie. Er verfügte nach Meinung seiner Lehrmeister neben der nötigen Körperkraft über die richtige Technik.
Schon bald müssen Jean Prouvé Bedenken gekommen sein, angesichts der deko-

were considered functional because that was precisely how Nature itself was seen. Victor Prouvé was a painter, modeller, sculptor and graphic artist, and thus united almost every discipline of the Ecole de Nancy in his own person. In 1976 Jean Prouvé commented that his father »taught me principles which I have never abandoned – first, to acquire knowledge of the past, secondly, never to plagiarize, and thirdly, always to use the most up-to-date methods when designing anything[3]«. These last two principles in particular were to exert a lasting influence on Prouvé's work.
When Jean Prouvé was ten years old, his father took him to an art metalworker's studio to see whether his son had any interest in such a trade. From that moment on, Jean Prouvé said later, he knew exactly what he wanted to be: a ferronnier-constructeur (a master smith).

jours fidèle à ces principes, en particulier aux deux derniers.
Lorsque Jean Prouvé eut atteint l'âge de dix ans, son père l'emmena dans une ferronnerie d'art afin d'apprendre voir si son fils avait quelque penchant pour ce métier. A partir de ce moment, c'est ce que Jean Prouvé dira plus tard, il sut exactement ce qu'il voulait devenir – un ferronnier-constructeur.
A l'âge de 15 ans, il alla en apprentissage à Paris, tout d'abord chez Emile Robert puis chez Szabo. Tous deux étaient ferronniers d'art. Au XIXème siècle et au commencement du XXème siècle, les ouvrages en fer forgé étaient très prisés et les maîtres de Jean exécutaient des commandes de grilles, de portes et de balustrades typiques de l'époque. A l'aide d'une forge, d'une enclume et d'un marteau, ils travaillaient le fer avec adresse, utilisant les motifs de plantes qui étaient si caractéristi-

rativen Auffassungen von den angewandten Künsten, die die Generation seiner Lehrmeister vertrat. So gibt er bei der Einberufung zum Militärdienst im Jahr 1921 als Beruf Schmied und nicht Kunstschmied an.

1923 gründete er in Nancy eine Werkstatt. Ein Freund der Familie hatte ihm das nötige Kapitel verschafft. Bei den akquirierten Aufträgen handelte es sich um Türen, Gitter, Geländer, aber auch um Aufzugskabinen und metallene Trennwände. Es waren immer mehr »nützliche« Konstruktionen, und wenn es doch Zierschmiedearbeiten waren, so wurden sie in einem neuen, wirklich ornamentfeindlichen Geist ausgeführt.

Mit seinen Entwürfen zog er die Aufmerksamkeit junger Architekten auf sich, die das »neue Bauen« in Frankreich bestimmen sollten: Pierre Jeanneret, sein Neffe Charles E. Jeanneret, besser unter dem Namen Le Corbusier bekannt, und der etwas ältere Robert Mallet-Stevens, der ihm einige Aufträge erteilte.

Auf dem Gebiet der angewandten Kunst war in Frankreich ein Stil aufgekommen, der nach einer internationalen Ausstellung dekorativer Kunst in Paris 1925 (Exposition Internationale des Arts Decoratifs) unter der Bezeichnung Art deco bekannt wurde. Die geschwungenen Pflanzen und Blüten des Jugendstils wurden hier in die Kristallmotive eines Kubismus umgesetzt, der sich aller zu scharfen Kanten entledigt hatte. Auch einige der von Prouvé entworfenen Ziergitter zeigen die Charakteristika dieses »anorganischen« Stils. Die Dekoration wird mehr von der Gliederung der geometrischen Elemente als von kurvenreicher Ornamentik bestimmt. In der Art deco wurde das Ornament vielleicht noch nicht, wie Adolf Loos urteilte, als ein regelrechtes »Verbrechen« betrachtet, aber der Wildwuchs, dem es in der Zeit der Neostile des 19. Jahrhunderts und des Jugendstils unterlag, wurde zurückgedrängt.

In den Arbeiten, die Prouvés Werkstatt ver-

At the age of fifteen he was apprenticed in Paris, first to Emile Robert and then to Szabo. Both were art metalworkers (ferronniers d'art) by profession. Wrought ironwork was very much in demand in nineteenth- and early twentieth-century architecture, and Prouvé's masters were producing fine and impressive grilles, doors and railings. Skilfully they forged the iron, using fire, hammer and anvil, shaping it into the floral motifs that were so characteristic of the applied arts in Art Nouveau France.

Economic efficiency in a smithy is entirely a question of the smith's skill with his hammer. Jean Prouvé, said his masters, had not only the physical strength his craft required, but also the right technique.

But Prouvé must soon have had his doubts about the decorative aspects of the applied arts as understood by his masters' generation. When he was called up for military service in 1921, he tellingly gave his profession as ferronnier – a simple smith – rather than ferronnier d'art.

In 1923 Prouvé set up his own business in Nancy. A friend of the family provided the capital he needed to get started. Commissions included doors, grilles, railings, lift cages and metal partitions. What he produced was increasingly of a »utilitarian« nature, and what ornamental metalwork he did carry out was undertaken in a new spirit, one hostile to the purely decorative.

His designs attracted the attention of the architects who were to dominate the avant-garde of building in France: Pierre Jeanneret, his nephew Charles E. Jeanneret (better known as Le Corbusier) as well as the somewhat older Robert Mallet-Stevens, who commissioned work from Prouvé on occasion.

The applied arts in France were then seeing the evolution of a style subsequently known as Art Deco, following the »Exposition Internationale des Arts Décoratifs et Industriels Modernes« in Paris in 1925. Art Nouveau's endless curlicues, tendrils and

ques des arts appliqués de l'Art nouveau en France.

La rentabilité d'une ferronnerie dépend de l'habileté de l'artisan à manier le marteau: Jean Prouvé y excellait. Selon les dires de ses maîtres, il possédait la force physique indispensable, et de surcroît la bonne technique.

Toutefois, il dut bientôt éprouver des doutes quant à l'aspect décoratif des arts appliqués tel que les concevait la génération de ses maîtres. Lorsqu'il fut appelé sous les drapeaux, en 1921, pour effectuer son service militaire, il inscrivit sous la rubrique profession: ferronnier – et non pas ferronnier d'art.

En 1923, il monta sa propre affaire à Nancy. Un ami de la famille avait fourni le capital de départ. Il réalisa essentiellement des portes, des grilles et des balustrades, mais aussi des cabines d'ascenseur et des cloisons en métal. Il se tournait de plus en plus vers les ouvrages «utilitaires» et exécutait les travaux décoratifs dans un nouvel esprit qui était, en fait, hostile à l'ornementation. Ses esquisses attirèrent l'attention d'architectes qui devaient plus tard introduire un tout nouveau style dans l'architecture française: Pierre Jeanneret, son neveu Charles E. Jeanneret, plus connu sous le nom de Le Corbusier, et Robert Mallet-Stevens qui était légèrement plus âgé. Ce dernier passa plusieurs commandes à Jean Prouvé.

Dans le domaine des arts appliqués, un style se développait en France, qui, à l'issue de l'Exposition Internationale des Arts Décoratifs de Paris en 1925, devait être désigné plus tard sous le nom d'Art déco. Les lignes incurvées des feuillages et des fleurs de l'Art nouveau furent transposées dans les motifs cristallins d'un cubisme ayant proscrit les angles saillants. Certaines grilles d'ornements, réalisées par Jean Prouvé, dénotent elles aussi les caractéristiques de ce style «minéral». La décoration n'est plus déterminée par une foison de courbes mais par l'agencement d'é-

ließen, darunter die ersten Möbel, wurde Stahlblech verarbeitet. Später verwendete Prouvé auch Platten aus rostfreiem Stahl und Aluminium. Alle diese industriellen Halbfabrikate wurden in verschiedenen Stärken geliefert. Durch das Falzen erhielten die Platten zusätzliche Stabilität, und so konnte die Plattendicke stark verringert werden. Aus diesem Grund wurde das Material bereits bei der Herstellung von Automobilkarosserien und Eisenbahnwagen eingesetzt. In der Aluminiumausführung fand es vor allem in der Flugzeugindustrie Verwendung.

Prouvés Werkstatt entwickelte sich von einer Schmiede immer mehr zu einem Konstruktionsbetrieb. Die Hitze der Esse wich den »kalten« Arbeiten, die das Falzen, Schneiden und Verschrauben des Stahlblechs mit sich brachten. Nur das neue Schweißverfahren, das Prouvé sehr bald völlig beherrschte, erinnerte noch an das alte Feuer.

Mit dieser Entwicklung kam eine von Prouvés weiteren Qualitäten zum Zuge, nämlich die des Unternehmers. Er begann in neue Techniken und neue, kostspielige Geräte wie Stanzen oder Falzmaschinen zu investieren. Kredite, die aus großen Aufträgen zurückgezahlt werden sollten, mußten das dafür benötigte Kapital vorfinanzieren.

Jean Prouvé war auch in der letzten Phase seiner Karriere als Industrieller ein ungewöhnlicher Unternehmer. Er gab das Handwerk, eine nur sehr unvollkommene Übersetzung des französischen Wortes »artisanat«, nie auf. Und so bleibt es eine akademische Frage, ob seine Fabrik als Industrieunternehmen oder als ein Ort betrachtet werden muß, wo Handwerk in größerem Maßstab betrieben wurde.

Sein Unternehmen war jedenfalls innovativ. Prouvé unternahm einen der konsequentesten Versuche, die Baubranche für andere als für die gebräuchlichen Materialien Stein, Beton und Holz zu interessieren und zu anderen Lösungen als endgültigen Bauwerken, die auf ewig das Blickfeld ein-

*Exposition des Arts Décoratifs, Paris, 1925*
Pavillon von Nancy: schmiedeeisernes Gitter von Prouvé zum Musik- und Konferenzsaal.
Pavilion of Nancy: lattice-work door by Jean Prouvé to the music and conference hall.
Pavillon de Nancy: Grilles intérieures vers la salle de musique et de conférences par Jean Prouvé.

flowers were now replaced by the crystalline motifs of Cubism, although without its sharpest edges. Some of Prouvé's decorative grilles have elements of this »an-organic« style. Decoration is now determined by the arrangement of geometric constituents rather than curvacious ornament. Art Deco did not yet see ornamentation as the crime that Adolf Loos judged it to be; but the decorative excesses of the 19th century eras of »neo-« styles and Art Nouveau were being eliminated.

In all the articles that left his workshop, furniture included, Prouvé used sheet steel. Later he also used stainless steel and aluminium. These semi-finished industrial materials came in different thicknesses. Folding gave the plates additional stability and allowed thinner sheets to be used. The material was already being used for car bodies and railway carriages, for the same reason, while sheet aluminium was

léments géométriques. Dans l'Art déco, la présence d'ornements n'était peut-être pas encore considérée comme un crime – comme le faisait Adolf Loos – mais l'on réprimait l'excessive abondance ornementale qui avait fait son apparition avec les néo-styles du XIXème siècle et l'Art nouveau.

Dans tous les travaux qui sortaient de son atelier, y compris dans les premiers meubles, Prouvé utilisait la tôle d'acier. Plus tard, il employa également de l'acier inoxydable et de l'aluminium. Tous ces semi-produits de l'industrie lui étaient livrés en différentes épaisseurs. Le pliage donnait à la tôle une plus grande stabilité et il était ainsi possible d'utiliser des plaques beaucoup moins épaisses. C'est pour cette raison que ce matériau fut également employé dans la construction de carrosseries de voitures et de wagons de chemin de fer. L'aluminium fut surtout utilisé dans l'industrie aéronautique.

L'atelier de Prouvé s'éloignait de plus en plus de la ferronnerie pour devenir une entreprise de construction. A la fournaise de la forge succédait la «froidure» des travaux de cintrage, de découpage et de vissage des plaques de tôle. Seules les nouvelles techniques de soudage, que Prouvé avait très vite appris à maîtriser, rappelaient encore le feu de la forge.

Ce développement fit ressortir une autre qualité de Jean Prouvé, à savoir celle de l'entrepreneur. Il commença à investir dans les nouvelles techniques et fit l'acquisition d'appareils coûteux comme des machines à estamper et à agrafer. Afin de réunir les capitaux nécessaires, il eut recours à des crédits qu'il avait l'intention de rembourser grâce à des commandes de grande envergure.

Même à la fin de sa carrière d'industriel, Jean Prouvé était encore un entrepreneur hors du commun. Il ne cessa jamais d'être un artisan. Se demander si son usine doit être considérée comme une entreprise industrielle ou comme un atelier d'artisan à

nehmen, anzuregen. Er ersann fortwährend neue Konstruktionen, die »ab Werk« lieferbar waren. Er gab damit eine praktische Antwort auf die Fragen, die in Kreisen der modernen Architekten erörtert wurden.

So lobte Le Corbusier 1920 in der Zeitschrift »L'Esprit Nouveau« begeistert die Versuche des Flugzeugkonstrukteurs Gabriel Voisin, der den Auftragseinbruch für seine Fabrik nach dem Ersten Weltkrieg mit dem Bau vorfabrizierter Wohnungen zu kompensieren trachtete.

Für Le Corbusier ging es möglicherweise nur um die Idee der vorfabrizierten Wohnungen, denn die Versuche Voisins schlugen bald fehl, und Le Corbusier kam in dem Bemühen um einen realisierbaren Entwurf eines vorgefertigten Hauses auch nicht weiter. Später gewann er unter anderem Prouvé für dieses Vorhaben.

Prouvé nahm die Aufgabe sehr ernst. Kurz vor und nach dem Zweiten Weltkrieg gelang es seiner Firma »Les Ateliers Prouvé« tatsächlich, Bauten wie Automobile oder was die Phantasie vielleicht noch mehr anspruch, wie Flugzeuge anzufertigen. Wegen ihres Formats mußten diese Bauten jedoch in Teilen verfrachtet werden. Die Montage, die beim Entwurf berücksichtigt werden mußte, fand auf dem Bauplatz statt. Ungewöhnlich war auch der Produktionsprozeß im Werk. Etwas Ähnliches wie ein Fließband gab es nicht. Die Herstellung war längst nicht einheitlich. Zudem mußte dauernd improvisiert werden. Wenn Aufträge für Fassadenelemente – eine von Prouvés Spezialitäten – ausblieben, dann wurde nach neuen, ganzheitlichen Lösungen für industriell hergestellte Häuser gesucht. Möbelbestellungen sorgten wahrscheinlich am ehesten für kontinuierliche Einnahmen.

Prouvé war auf jeden Fall kein Direktor, der vom Schreibtisch regierte. Oft genug führte er selbst vor, wie etwas angefertigt werden mußte. Die Arbeiter konnten mit eigenen Augen feststellen, daß ihr Chef wie

employed above all in the aircraft industry. Prouvé's establishment developed more and more from a smithy into an engineering works. The heat of the forge was superseded by the cool processes of folding, cutting and screwing sheet steel. Only the new technique of welding, which Prouvé had been very quick to master, was still reminiscent of the days of fire and furnace.

This development also brought out a completely different quality in Prouvé, that of the entrepreneur. He began to invest in new technology and expensive new stamping and folding machines. He had to take out loans to finance these investments, loans which he would repay the proceeds of his sales.

Jean Prouvé continued to be an unusual entrepreneur in the final phase of his career as an industrialist. But he never ceased to be an artisan, an artist craftsman; it remains a moot point whether his factory should be described as an industrial concern or simply as a craftsman's workshop on a large scale.

His enterprise was certainly innovative, and Prouvé made one of the most consistent attempts at interesting architects and builders in materials other than the usual stone, concrete and wood, and at moving them to think of solutions other than the one definitive building set down once and for all. He was continually devising new construction designs that could be delivered »ex works«, thereby providing a practical answer to questions being raised by many architects.

In 1920, Le Corbusier had lavished enthusiastic praise in the journal »L'Esprit Nouveau« on Gabriel Voisin the aircraft designer, who had turned the production of prefab houses to after the First World War, when his assembly plant was receiving fewer orders.

Le Corbusier's interest in the idea of prefabs may well have been primarily theoretical. At all events, Voisin's experiment soon

grande échelle reste encore une question académique.

Son entreprise était en tous les cas innovatrice. Prouvé entreprit l'une des tentatives les plus conséquentes pour inciter la branche du bâtiment à employer des matériaux autres que la pierre, le béton et le bois et à rechercher d'autres solutions que celle de l'édifice immuable qui bouche l'horizon pour toute éternité. Il imaginait continuellement des constructions qui pouvaient être livrées «départ usine» et donnait ainsi une réponse pratique aux questions qui étaient soulevées dans le cercle des architectes modernes.

C'est ainsi qu'en 1920, dans «L'Esprit Nouveau», Le Corbusier louait les tentatives de reconversion du constructeur d'avions Gabriel Voisin, qui se tournait vers la construction de maisons préfabriquées afin de compenser le fléchissement de ses commandes apparu après la Première Guerre mondiale.

C'est certainement l'idée de maisons préfabriquées qui séduisit Le Corbusier, car les tentatives de Voisin ne tardèrent pas à échouer et Le Corbusier lui-même ne réussit pas à réaliser un plan de maison préfabriquée que l'on aurait pu concrétiser. Plus tard, il devait gagner Jean Prouvé à sa cause pour ce genre de projet.

Prouvé prit sa tâche très au sérieux. Peu avant et après la Seconde Guerre mondiale, les Ateliers Prouvé parvinrent effectivement à construire des bâtiments semblables à des automobiles et – peut-être parce que cela faisait encore plus appel à l'imagination – à des avions. A cause de leur format, les éléments étaient livrés en pièces détachées et assemblés sur place. A l'usine, le processus de production était également inhabituel. Rien n'évoquait le travail à la chaîne et la production était loin d'être uniforme. Il fallait de plus sans cesse improviser. Lorsque l'on ne recevait pas de commandes de murs-rideaux – une des spécialités de Prouvé –, on expérimentait avec les nouvelles solutions intégrées pour

kaum ein anderer schweißen konnte und mit Maschinen umzugehen wußte.
Die Werkstatt des Unternehmers und Konstrukteurs Prouvé wuchs und mußte wegen Platzmangels zweimal umziehen. 1947 siedelt die »Société des Ateliers Jean Prouvé« nach Maxéville am Rande Nancys um. Jean Prouvé, der 1944 nach der Befreiung Frankreichs kurz Bürgermeister von Nancy gewesen war, beschäftigte schließlich 250 Arbeitnehmer. Mit dem Wachstum erhielten auch die Teilhaber ein immer größeres Gewicht. Die »Aluminium Français« hielt schließlich die Aktienmehrheit bei der »Société des Ateliers Jean Prouvé« und forderte ihren Direktor 1953 zur Vereinheitlichung seiner Produktion auf. Daraufhin stieg Prouvé aus.

»Man hat Ihnen die Flügel gestutzt, versuchen Sie sich mit dem zu retten, was noch übrig ist«[4], lautete der Rat Le Corbusiers. Bis zu seinem Tod im Jahr 1984 arbeitete Prouvé als beratender Ingenieur ohne Diplom und als ebensowenig diplomierter Architekt. Er war Autodidakt, und er hatte auch die Gepflogenheiten eines Autodidakten.

Nach seinem Abschied von Maxéville entwickelte er in Zusammenarbeit mit anderen noch eine Reihe von Konstruktionen, aber sein Traum von einem in eigener Regie vorgefertigten und zerlegbaren Haus war endgültig ausgeträumt. Noch mehr galt dies für die Möbelproduktion. Die fertigen Möbel, die Prouvés Fabrik lieferte, waren zwar in mancher Hinsicht mit großteiligen Produkten vergleichbar, doch wollte er sie – angesichts seiner noch näher zu erläuternden Arbeitsweise – stets nur in eigener Verantwortung herstellen. Prouvé erhielt ab 1953 keine Mittel mehr, seine »ganzheitlichen Lösungen« in kleinem Rahmen zu produzieren. Man hatte ihm das Werkzeug aus der Hand genommen.

III.
Die Chronologie von Prouvés Möbelentwürfen endet daher 1953. Wann sie be-

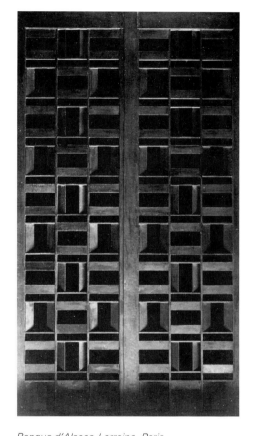

*Banque d'Alsace-Lorraine, Paris*
Schmiedeeiserne Eingangstür der Bank, gefertigt von Jean Prouvé, 1929.
Wrought iron door of the bank made by Jean Prouvé, 1929.
Porte de la banque en fer forgé par Jean Prouvé, 1929.
Außenansicht / Exterior view / Vue extérieure

went wrong nor did Le Corbusier himself succeed in creating any feasible design for a prefab house. Later, however, he secured Prouvé's support for the scheme.
It was a project Prouvé took very seriously. Shortly before and after the Second World War, »Les Ateliers Prouvé« did indeed succeed in designing buildings like cars and – perhaps with an ever-greater appeal to people's imagination – aeroplanes. Their buildings' formats required these to be freighted as separate parts, while the assembly process, planned at the design stage, was done on site.

les maisons préfabriquées réalisées industriellement. Ce sont probablement les commandes de meubles qui constituaient la source de revenus la plus régulière.
Prouvé n'était en aucun cas un de ces directeurs qui dirigent tout de leur bureau. Il montra bien souvent comment il fallait s'y prendre, et les ouvriers constataient de leurs propres yeux que leur patron savait mieux que quiconque réaliser une soudure ou faire fonctionner les machines.
L'atelier de l'entrepreneur et constructeur Prouvé se développait de telle sorte qu'il dut l'installer par deux fois à un autre endroit. En 1947, la Société des Ateliers Jean Prouvé s'installait à Maxéville, dans les faubourgs de Nancy. Le directeur Jean Prouvé, qui après la Libération en 1944 avait été pendant une courte période maire de Nancy, employait désormais 250 personnes. Toutefois, cet essor entraînait aussi une influence accrue des commanditaires. En 1953, Aluminium français détenait la majorité des actions de la Société des Ateliers Jean Prouvé et exigea de Prouvé une production uniforme. Il préféra démissionner.

«On vous a coupé les abattis, débrouillez-vous avec ce qui vous reste.»[4] fut le conseil de Le Corbusier. Jusqu'à sa mort, qui survint en 1984, Jean Prouvé travailla comme ingénieur-conseil et architecte et ne possédait un diplôme dans aucune de ces deux professions. Il était un autodidacte et avait aussi les habitudes d'un autodidacte.

Après son départ de Maxéville, il développa, en coopération avec d'autres, toute une série de constructions, mais son rêve de pouvoir réaliser un jour ses propres maisons préfabriquées et démontables était définitivement fini. En ce qui concerne la fabrication des meubles, cette fin était encore plus définitive. Les meubles manufacturés par l'usine de Prouvé ressemblaient à beaucoup d'égards aux produits à grande échelle. Or, étant donné la méthode de travail de Prouvé, sur laquelle nous revien-

»Vor allem darf man keine Utopien zeichnen, denn eine Entwicklung ist nur in der Verwirklichung der Idee möglich.«

»Above all, there should be no utopian design. Evolution is only possible through the fulfilment of the idea.«

«Il ne faut surtout pas dessiner d'utopies, car l'évolution n'est possible que par la réalisation de l'idée.»

gonnen hatte, ist nicht eindeutig zu bestimmen. Wahrscheinlich lag der Beginn Anfang 1923, als Prouvé seine Werkstatt eröffnet hatte. Die beiden frühesten bekannten Entwürfe wurden aber von Prouvé selbst auf die Jahre 1924 und 1925 datiert. Es handelt sich um die zwei bereits erwähnten Stühle, von denen er später Skizzen angefertigt hatte.

Der eine Entwurf des verstellbaren Stahlblechstuhls *(chaise inclinable en tôle d'acier)* wurde in einer Serie von acht oder zehn Exemplaren ausgeführt (vgl. Abb. S. 34/35). Der andere, einem Autositz ähnelnde Sessel wurde einmalig auf Bestellung hergestellt (Abb. S. 38). Wo sich dieses Unikat heute befindet, ist nicht bekannt. Neben Prouvés Zeichnung gibt uns eine Photographie Aufschluß über sein Äußeres.

Nach 1924 hat Prouvé Dutzende verschiedener Stühle, Tische, Schreibtische, Schränke und Schulmöbel entworfen. Seit 1947 wurden seine Möbel, zusammen mit Möbeln unter anderen von Charlotte Perriand, von Steph Simon in Paris verkauft.

Die Herstellung verlief häufig wie folgt: Anhand einer Skizze Prouvés wurde innerhalb von ein bis zwei Tagen ein Prototyp angefertigt. Dieses Stück wurde dann korrigiert. Erst wenn der gegebenenfalls verbesserte und von Prouvé anerkannte Prototyp einen Stabilitätstest überstanden hatte, wurde eine endgültige Arbeitsvorlage gezeichnet. Obwohl es sich hier um Industrieprodukte handelte – denn sie wurden meist in Serie mit Hilfe komplizierter industrieller Anlagen hergestellt –, stand dabei nicht die Verringerung der mechanisierten Arbeitsgänge an erster Stelle. In der Fabrik wurden die Serienmöbel in Stückzahlen von zwanzig bis dreißig Exemplaren von kleinen Teams angefertigt, die nach ihrer Fertigstellung mit einem anderen Produkt, z. B. einer Serie von Bauteilen, weitermachten. Ein Vorteil dieser Produktionsweise war, daß Varianten eines Modells leicht geliefert werden konnten. Schon bei

The production process inside Prouvé's factory was also unusual. There was no sign of mass production, nothing remotely resembling a conveyor belt; indeed, the plant throve on improvisation. If Prouvé had no orders for façade parts, which were among his specialities, he would cast about for new, integral solutions to the problem of industrially-manufactured houses. In all likelihood it was furniture production that provided the most constant source of income.

Prouvé was by no means a desk manager. He himself often demonstrated how something had to be done, and the workers could see that their boss was a past master at welding, an expert with the machines.

Prouvé the engineer and entrepreneur now had a business that was constantly expanding, and lack of space twice obliged him to move. In 1947 the »Société des Ateliers Jean Prouvé« moved to Maxéville on the outskirts of Nancy. Jean Prouvé, who had been Mayor of Nancy for a brief period after the liberation of France in 1944, was eventually employing a workforce of 250. However, this growth also gave increasing influence to the company's shareholders. When »Aluminium Français« obtained a controlling interest in the »Société des Ateliers Jean Prouvé«, they ordered Prouvé in 1953 to establish a uniform production pattern. Prouvé decided to opt out.

»You've had your wings clipped, now try and save what is left«[4], Le Corbusier advised him. Until his death in 1984, Prouvé continued as an engineering and architectural consultant. He possessed no diplomas or paper qualifications in either field; he was entirely self-taught.

After his departure from Maxéville he developed a large number of designs together with others; but his dream of a prefabricated, demountable house of his own making was definitively over. And so too, most emphatically, was his furniture pro-

drons d'ailleurs plus tard, seule une fabrication qu'il contrôlait pleinement entrait pour lui en ligne de compte. A partir de 1953, on lui ôta les moyens de produire ses «solutions globales» à petite échelle.

III.

C'est ainsi que la chronologie des meubles conçus par Prouvé s'arrête brusquement en 1953. Quant à son commencement, il est difficile de le situer avec exactitude. Il remonte probablement à 1923, l'année ou Prouvé ouvrit les portes de son atelier. Toutefois, Prouvé lui-même data ses deux premiers ouvrages connus de 1924 et 1925. Il s'agit des deux chaises mentionnées plus haut, dont il exécuta plus tard des esquisses.

La première, la *chaise inclinable en tôle d'acier*, a été réalisée en une série de huit ou dix exemplaires (cf. ill. p. 34/35). L'autre, qui ressemblait à un siège de voiture, n'a été fabriquée qu'une seule fois, sur la demande d'un client (ill. p. 38). Le lieu où se trouve ce seul et unique exemplaire est inconnu. Outre l'esquisse de Prouvé, il existe également une photographie qui nous éclaire sur son aspect.

Après 1924, Prouvé conçut des douzaines de chaises, de tables, de bureaux, d'armoires et de meubles pour écoles. Depuis 1947, ils sont vendus à Paris par Steph Simon avec ceux qui ont été conçus par Charlotte Perriand.

La fabrication se déroulait de la façon suivante: sur la base d'une esquisse de Jean Prouvé, un prototype était réalisé en un jour ou deux. Il faisait ensuite l'objet de modifications et, si nécessaire, d'améliorations. Enfin, il devait subir un test de résistance et être agréé par Jean Prouvé lui-même: un plan de construction définitif pouvait alors être dessiné.

Bien qu'il fût ici question de produits industriels – fabriqués pour la plupart en série et avec l'aide de machines industrielles sophistiquées –, la réduction des phases de fabrication mécanisées ne venait pas en

»Zwischen der Konstruktion eines Möbelstückes und eines Hauses besteht kein prinzipieller Unterschied.«

»There is no difference between the construction of an item of furniture and that of a house.«

«Il n'y a pas de différence de principe entre la construction d'un meuble et d'une maison.»

Abnahme von mindesten zehn Exemplaren konnten spezielle Kundenwünsche erfüllt werden.

Improvisation – eines der Kennzeichen von »Les Ateliers Jean Prouvé« – kam auch bei der Möbelproduktion zum Tragen. Metallreste aus Prouvés größeren Konstruktionen reichten meist noch für einige Möbel. Manche der Möbelentwürfe scheinen sogar erst ihr Entstehen den vorhandenen Resten zu verdanken. Vor allem während des Zweiten Weltkriegs mußte improvisiert werden, weil die Metallvorräte nicht mehr nachgefüllt werden konnten. In dieser Zeit wurden einige ursprüngliche Metallmöbel auch in Holz ausgeführt. In der ersten Zeit nach dem Krieg, als es weiterhin wenig Metall gab, lernte der Eisenkonstrukteur Prouvé die Eigenschaften von Holz vollständig kennen und nutzen.

Diversifikation und Produktion in kleinem Maßstab scheinen nur schwer mit Prouvés kostspieligen Anlagen vereinbar gewesen zu sein, die zur Bearbeitung von Stahlblech nötig waren. Prouvé fertigte schon vor dem Zweiten Weltkrieg Möbel aus Stahlblech, doch erst nach dem Krieg wurden derartige Möbel dank hoher Investitionen (und dementsprechend hoher Stückzahlen) auch in der amerikanischen, dann in der europäischen Möbelindustrie üblich. Zwei Schlußfolgerungen drängen sich auf. Entweder war die für Prouvé-Möbel nötige Technik nur scheinbar kompliziert und teuer, oder der Entwerfer verstand es, mit ausgeklügelten Konstruktionen die ihm zur Verfügung stehenden Mittel bestmöglich zu nutzen (eine dritte Schlußfolgerung, seine Möbel seien besonders kostspielig gewesen, erweist sich als falsch). Tatsächlich trifft beides zu. Prouvé nutzte Material und Ausrüstung optimal, indem er sie in seinen konstruktiven Überlegungen so gut wie möglich berücksichtigte. Für das Untergestell des verstellbaren Stahlblechstuhls *(chaise inclinable en tôle d'acier)* und des *chaise standard* verwendete er u. a. eine Metallröhre. Auf einfache Weise, und zwar

duction. The ready-made furniture which Prouvé's factory turned out was comparable in some respects with large-scale production, it is true; but thanks to Prouvé's work method (which we shall be examining more closely), manufacturing was only possible under his personal supervision. As of 1953, Prouvé no longer had the means to produce his »integrated solutions« on a small scale. He had been robbed of these tools.

III.

Thus the chronology of Prouvé's furniture design stops abruptly in 1953. We cannot say precisely when it started, but it was probably in 1923, when he first opened an establishment of his own. Prouvé himself dated his earliest known works to 1924 and 1925. These were the two chairs we have already discussed, of which he later drew sketches.

The first design, the adjustable chair made from sheet-steel, was manufactured in a series of eight or ten (cf. ill. p. 34/35). The other chair, reminiscent of a car seat, was made only once, to a customer's order (ill. p. 38). The present whereabouts of this unique chair are unknown. We nevertheless have some idea of its appearance from Prouvé's sketch and a photograph.

After 1924 Prouvé designed dozens of different chairs, tables, desks, cabinets, and items of school furniture. From 1947 on, his furniture, and that designed by Charlotte Perriand and others, was sold in Paris by Steph Simon.

The manufacturing process often ran as follows. On the basis of a sketch by Prouvé, a prototype was prepared within one or two days. This was then corrected, and only when it had been perfected, tested for stability and approved by Prouvé himself, was a definitive production drawing made.

Although these were industrial products, mainly manufactured in series and using complex industrial machinery, streamlin-

priorité. Les meubles de série étaient fabriqués en vingt ou trente exemplaires par de petites équipes d'ouvriers qui, lorsqu'elles les avaient achevés, passaient au projet suivant, par exemple des éléments de construction. L'avantage de cette méthode de production était que l'on pouvait facilement livrer des variantes d'un modèle particulier. A partir d'une commande de dix exemplaires au moins, il était possible de satisfaire les désirs individuels d'un client. L'improvisation, qui était l'une des autres caractéristiques des Ateliers Prouvé, apparaissait également au niveau de la production des meubles. A partir des restes de métaux provenant d'autres constructions de plus grande taille, on parvenait toujours à fabriquer quelques meubles. En fait, certains meubles n'auraient jamais vu le jour, si l'on n'avait pas eu ces restes. Il fallut surtout improviser pendant la Seconde Guerre mondiale, car les réserves en métaux commençaient à s'épuiser. A cette époque, on fabriqua en bois des articles qui auraient dû être exécutés en métal. Tout de suite après la guerre, alors que le métal était encore rare, le ferronnier Prouvé apprit à connaître et à utiliser les propriétés du bois.

Il semble difficile de concilier d'une part diversité et production à petite échelle et d'autre part les équipement coûteux de Prouvé, qui étaient indispensables au travail de la tôle d'acier. Certes, Prouvé fabriquait déjà des meubles en tôle d'acier avant la Seconde Guerre mondiale, mais c'est après la guerre que de tels meubles, grâce à des investissements élevés (et un volume de production correspondant), purent conquérir l'industrie du meuble en Amérique, puis en Europe. Deux déductions se présentent donc: soit les techniques pour la construction des meubles de Prouvé étaient moins complexes et moins onéreuses qu'elles le paraissaient, soit il savait réaliser des constructions ingénieuses en employant au mieux les moyens à sa disposition (une troisième dé-

mittels eines Schraubstocks, wurde dieses runde Profil zu einer elliptischen Form zusammengepreßt. Ein derart abgeplattetes Rohr konnte auf seiner Schmalseite eine viel größere Belastung aushalten. Andererseits war die kostspielige Apparatur, wie die Metallverarbeitungsmaschine, die Prouvé um 1930 anschaffte, dennoch rentabel, weil Prouvé damit nicht nur Stühle fertigte, sondern auch Pfosten, Fassadenelemente und andere Gebäudeteile. Er war außerdem in der Lage, seine Werkzeuge zu modifizieren und teilweise selbst herzustellen.

IV.
Prouvé selbst behauptete nachdrücklich, daß die Formen seiner Entwürfe rein und nur aus konstruktiven Erwägungen entstanden seien. Sie seien deren logische, beinahe unpersönliche Konsequenz. Dennoch bieten die Konstruktionen Prouvés alles andere als einen unpersönlichen Anblick, sie machen im Gegenteil einen sehr eigenwilligen Eindruck. Da er die Eigenschaften des Materials auf eher intuitive als auf sorgfältig kalkulierte Weise nutzte, sind seine Kreationen nicht nach den Regeln der konventionellen Ingenieurkunst entstanden, und so machen sie auch nicht den Eindruck »durchgerechneter« Reißbrettprodukte. Eine Skizze fertigte er gern selbst an, eine regelrechte Arbeitsvorlage ließ er erstellen, weil das nun einmal »nötig« war. Prouvé versuchte, sich in das Material hineinzudenken, als ob es menschliche Qualitäten hätte. »Was denkt das Material?«[5] fragte er sich. Im Untergestell des bereits besprochenen verstellbaren Stuhls aus dem Jahr 1924 wurde das »Denken« des Materials dargestellt, indem es die Form des Kräfteverlaufs erhielt. Ein ebenfalls aus Stahlblech angefertigter Stuhl mit hochklappbarer Sitzfläche aus dem Jahr 1928 stellt dazu eine Variante dar (Abb. S. 34). Bei diesem Entwurf verwirklichte Prouvé beiläufig noch andere konstruktive Ideen. Die Stühle nach diesem Entwurf

Hugo Junkers und O. Mader vor dem Flugzeug »Junkers F 13«, 1924.
Hugo Junkers and O. Mader in front of the »Junkers F 13« aeroplane, 1924.
Hugo Junkers et O. Mader devant l'avion «Junkers F 13», 1924.

ing or simplifying the number of mechanical procedures involved was not one of Prouvé's main priorities. The furniture was produced by small groups of workers in series of twenty to thirty items. When they had finished they would go on to the next project, which might be a series of building components. One advantage of this method of production was that it was easy to produce variations of a particular model. Even if a customer required no more than ten of a product, individual wishes could be accommodated.

Improvisation was a hallmark of the Ateliers Jean Prouvé and inspired much furniture production, too. Metal left over from Prouvé's larger commissions came in handy for one or two other items of furniture. Indeed, some pieces seem to have owed their very conception to the availability of such remnants. Improvisation was particularly necessary during the Second World War, when stocks of metal could not be replenished.

At that time too, some items of furniture intended for metal production were made in wood; thus in the immediate post-War

duction, selon laquelle ses meubles auraient été inabordables, s'avère inexacte). En fait, ces raisonnements sont tous deux valables. Prouvé utilisait matériaux et équipements de façon optimale et savait en tenir compte dans ses constructions. Pour le châssis de la *chaise inclinable en tôle d'acier* et de la *chaise standard*, il employait entre autres un tuyau métallique. D'une manière simple, à l'aide d'un étau, le profil rond était transformé en forme elliptique. Ce genre de tuyau aplati pouvait ainsi supporter cur sa tranche une charge beaucoup plus grande. D'autre part, ces machines coûteuses, comme la machine de transformation des métaux acquise par Prouvé vers 1930, étaient malgré tout rentables, car Prouvé ne les employait pas que pour les chaises, mais aussi pour les montants, les éléments de façade et d'autres composantes d'un bâtiment. Il était en outre capable de transformer ses outils et même, en partie, des les fabriquer lui-même.

IV.
Prouvé insistait lui-même sur le fait que seules des considérations en matière de

konnten bei eingeklappter Sitzfläche ineinandergeschoben werden.

Die Prouvé-Möbel demonstrieren fast immer den Kräfteverlauf: Das Material wurde so differenziert und ökonomisch eingesetzt, daß nur übrig blieb, was konstruktiv notwendig war.

Der beeindruckende Sitz aus dem Jahr 1930, der *fauteuil de grand repos,* kann als Chaiselongue dienen, wenn der Benutzer, sich gerade gegen den Boden setzend, das Sitzelement nach hinten drückt (Abb. S. 21, 44–47). Für diesen Sessel war relativ viel Material nötig. Die Träger haben hier nämlich besonders viel auszuhalten. Sie müssen nicht nur das Gewicht eines belasteten Sitzelements auffangen, sondern auch dem sich verschiebenden Gewicht gewachsen sein. An der Innenseite verschiebt sich das Sitzelement kugelgelagert über Schienen. Die Bewegung wird von Federn kontrolliert, die ihre Zugkräfte ebenfalls auf die Träger, an denen sie befestigt sind, ausüben. Um diese Gesamtbelastung aufzufangen, sind die Träger des Sessels, von dem Prouvé verschiedene Varianten entwarf, dann auch kräftig ausgeführt, wobei sie noch von den daran befestigten Armlehnen verstärkt werden.

Der einfachste und gleichzeitig faszinierendste Stuhlentwurf Prouvés datiert aus dem Jahr 1930 (Abb. S. 55). Es handelt sich dabei um einen der gebräuchlichsten Stuhltypen, den einfachen Sitzstuhl. Die Ausführung ist jedoch sehr ungewöhnlich. Die hinteren Stuhlbeine laufen nach oben und stützen auch die Rückenfläche. Diese tragenden Elemente sind aus Profilstahlblech gefertigt. Von vorne oder hinten gesehen, hat das Profil deutlich sichtbar eine recht geringe Stärke. Von der Seite gesehen, bildet das hintere Bein aber eine augenfällige Fläche, die sich nach oben und unten verjüngt und auf der Höhe der Sitzfläche ihre größte Breite erreicht. Auf dieser Seite – gegen die Sitzfläche – bildet die Fläche einen Winkel, an der anderen Seite ist sie gerade.

period, when metal remained scarce for some time, Prouvé the ironmaster became thoroughly familiar with the properties of wood.

The diversity and small-scale nature of Prouvé's production style seem to have been hard to reconcile with the costly industrial equipment which the working of sheet-steel required. Prouvé was making sheet-steel furniture even before the Second World War; but it was only after the War, thanks to high investment and higher production runs, that this kind of furniture firmly established itself first in the American and then in the European furniture industry. Two conclusions may be drawn: either the techniques involved in making Prouvé furniture were less complex and costly than they appeared, or else he was adept at making the best possible use of available means. (The third possibility, that his furniture was particularly dear to buy, was not the case.) In fact, both of the first two conclusions apply. Prouvé did indeed make the best of his material and machinery by accommodating both as far as possible in his designs. Thus, for the supporting frame of the sheet-steel chair *(chaise inclinable en tôle d'acier)* and the *chaise standard,* he used among other things a metal tube pressed – simply, by means of a vice – into an elliptical form. Tubular steel thus flattened can carry a much greater load on its narrow face. In addition, even Prouvé's expensive equipment – like the metal-working machine he installed in 1930 – was cost-effective, because he used it not only for chairs but also for posts, façade elements and other building parts. Furthermore, he was very good at adapting his tools, and even made his own at times.

IV.
Prouvé himself always emphasized that the forms of his works resulted purely from constructional considerations, of which they were the logical and almost impersonal consequence. And yet Prouvé's pro-

Eisenwellblechstuhl für den Führersitz des Flugzeuges F 12, Dessauer Junkerswerke, 1919.
Corrugated iron chair for the pilot's seat in the Junkers F 12 aeroplane, Junkers factory in Dessau, 1919.
Siège de pilotage en tôle ondulée pour le Junkers F 12, ateliers Junkers de Dessau, 1919.

construction déterminaient les formes de ses ouvrages. Ces formes en étaient la conséquence logique et presque impersonnelle. Néanmoins, les constructions de Prouvé n'ont rien d'impersonnel, mais font, au contraire, un effet authentique. Etant donné qu'il utilisait les propriétés d'un matériau d'une façon plus intuitive que savamment calculée, ses constructions n'étaient donc pas réalisées suivant les règles de l'ingéniérie et ne donnaient pas non plus l'impression d'avoir fait l'objet d'une longue mise au point dans le bureau d'études. Il aimait dessiner lui-même les esquisses, mais laissait aux autres le soin d'établir les plans de construction, car il ne pouvait pas faire autrement.

Prouvé essayait toujours de s'identifier au matériau, comme si celui-ci avait possédé des qualités humaines. «Que pense le matériau?»[5] était la question qu'il se posait à lui-même. Dans la chaise inclinable de 1924, mentionnée plus haut, la «pensée»

*Mart Stam, 1926*
Courtesy Stuhlmuseum Burg Beverungen

*Marcel Breuer, 1927*
Courtesy Stuhlmuseum Burg Beverungen

Durch diese Konstruktion scheint es, als vereinige der Stuhl zwei Prinzipien, als handele es sich um einen Stuhl mit geraden und schrägen hinteren Beinen. Über der Sitzfläche verleiht die schräge Seite des Stahlblechprofils der Rückenlehne die erwünschte Neigung, während die gerade Versteifung auf der anderen Seite für die nötige Stabilität sorgt.

Hinsichtlich des Materials ist der Stuhl eine Kreuzung. An die beiden Stahlblechprofile der Rückseite sind zwei Metallrohre geschweißt. Diese tragen die Sitzfläche, um sich dann nach unten zu biegen und als gerade Vorderbeine zu dienen.

Eine derartige Stuhlkonstruktion wich beträchtlich von dem ab, was ansonsten auf diesem Gebiet in Europa um 1930 gang und gäbe war. Architekten und Möbelentwerfer wie Ludwig Mies van der Rohe und Marcel Breuer verwendeten das Standardmaterial der Metallrohre durchgängig, ungeachtet der verschiedenen konstruktiven Funktionen innerhalb eines Möbelstücks. Materialökonomie war nicht ihre erste Sorge. Man nahm einfach solche Qualitäten und Maße, daß das Rohr auch an den am schwersten belasteten Stellen hielt. Prouvé stimmte dagegen das Profil und die Maße – und damit die Stärke – des Stahlblechprofils auf die unterschiedlichen Funktio-

ducts do not seem impersonal; quite the contrary, they convey a recognizable and individual impression. Prouvé exploited the qualities of the material in a way that was intuitive rather than calculated. His creations do not obey the conventional rules of engineering, which is why they do not strike us as coming from the technical drawing board. He enjoyed making a sketch himself, but left the working drawing proper to others, viewing this as a more »necessity«.

Prouvé always tried to enter into the material, to identify with it as if it had human characteristics. »What is the material thinking?«[5] he would wonder. In the supporting frame of the 1924 adjustable chair, what the material was »thinking« became visible in forms that articulate the dynamics. Another sheet-steel chair, made in 1928 and with a tip-up seat (ill. p. 34), introduced an interesting variation: once the seats had been folded up, the chairs could be stacked for storage – a design innovation that Prouvé included almost casually.

His furniture almost always articulates the direction of the forces at play within it, the material being used in such distinctive and economical ways that all that remains is what is essential to the design.

His impressive *fauteuil de grand repos* of

du matériau est représentée dans le support sous forme de direction des forces. Une variante de cette chaise a été réalisée en 1928: fabriquée elle aussi en tôle d'acier, elle présente un siège rabattable (ill. p. 34). Lorsqu'il conçut cette chaise, Prouvé régla en passant quelques autres principes de construction. Il était ainsi possible, après avoir relevé le siège, d'encastrer des chaises de ce type les unes dans les autres.

Les meubles Prouvé expriment presque toujours la direction des forces, c'est-à-dire que le matériau a été employé de façon si économique et différenciée que seul ce qui est absolument nécessaire à la construction a été conservé.

Son impressionnant fauteuil, le *fauteuil de grand repos* de 1930, peut faire office de chaise longue lorsque l'usager se tient droit sur le siège et exerce une pression vers l'arrière (ill. p. 21, 44–47). Ce fauteuil a nécessité pour sa fabrication une assez grande quantité de matériaux. Les éléments d'appui doivent en effet pouvoir supporter non seulement le poids d'une personne mais aussi le déplacement de ce poids. A l'intérieur du fauteuil, un système de roulement à billes sur glissière assure la mobilité du siège. Le mouvement est contrôlé par des ressorts qui exercent une force de traction sur les éléments d'appui auxquels ils sont accrochés. Afin d'amortir toutes ces charges, les supports du fauteuil – qui existent en plusieurs variantes – on été fabriqués de façon extrêmement solide et sont encore renforcés par les accoudoirs qui y sont fixés.

La chaise la plus simple et parallèlement la plus fascinante de Prouvé date de l'année 1930 (ill. p. 55). Il s'agit d'une chaise tout à fait ordinaire. Ce qui est inhabituel, c'est la façon dont elle fut fabriquée. Les pieds arrière sont réalisés d'un seul tenant et servent de support au dossier. Ces éléments d'appui sont faits en tôle d'acier profilée. Si on les considère de devant ou de derrière, ils ont très peu d'épaisseur.

nen ab. Selbst wenn es sich um einen einfachen Stuhltyp handelte, nicht verstellbar, drehbar oder auf andere Weise beweglich, wurde das Möbelstück als eine Bauaufgabe aufgefaßt, die sich, wenn auch nicht im Umfang, so doch in ihrer Komplexität, kaum von der Konstruktion eines Hauses unterschied.

In dem Stuhl aus dem Jahr 1930 – von dem Prouvé auch noch eine zerlegbare Version herstellte –, kombiniert er Profilstahlblech mit dem einfachen, runden »Profil« des Rohres. In den Innenseiten der Krümmungen ist das Rohr, auch bei den frühen Ausführungen des Stuhls, faltig. Prouvé gab nicht nur mit der Art und Weise, wie er mit dem Lieblingsmaterial anderer Architekten der europäischen Avantgarde umging, zu erkennen, daß er abweichende Auffassungen hatte. Auch in anderer Hinsicht paßten seine Möbelentwürfe, wie sehr sie auch auf industrielle Fertigung ausgerichtet waren, so gar nicht in die Industrieästhetik, die in Europa in den zwanziger und dreißiger Jahren aufkam und mit der Neuen Sachlichkeit in Verbindung gebracht wird.

Der in Deutschland lebende Ungar Marcel Breuer und der Niederländer Mart Stam entwickelten um 1925 einige Stühle, die eine gültige Antwort auf die neuen ästhetischen Ideale darstellten. In ihren Entwürfen wurde der voluminöse Großvatersessel bis auf das Gestell entkleidet. Der industrielle Fertigungsanspruch bezog sich vor allem auf den Austausch des traditionellen Materials Holz gegen das industriell hergestellte Metallrohr. Mit einfachen Mitteln – mehr mit denen eines Handwerkers als industriellen – konnte das Metallrohr in die gewünschte Form gebogen werden. Dennoch rief gerade dieses handwerklich bearbeitete Material die gewünschte, mechanische »Industrieatmosphäre« hervor. Die vom Stahlrohr ermöglichte Transparenz wurde durch Vernickeln oder Verchromen, soweit möglich, noch ästhetischer gemacht. Nicht umsonst ließ Marcel Breuer – auf einer retuschierten Photographie – die

*Ludwig Mies van der Rohe, 1927*
Courtesy Stuhlmuseum Burg Beverungen

Jean Prouvé, 1924/1981
TECTA, Lauenförde

1930 can be turned into a *chaise longue* by sitting upright and pushing the seat backwards (ill., p. 21, 44–47). This chair required a relatively large amount of material, as the supports have to bear a considerable load. They must not only take the weight of the seat element, but also cope with the weight as it moves. Inside, the seat moves on ball-bearing slide bars, and its motion is controlled by springs whose tensile forces also act upon the supports to which they are attached. To absorb all these loads, the supports of the chair, of which there are a number of versions, are extremely robust and are further reinforced by the arm rests mounted on them.

One of Jean Prouvé's simplest but at the same time most intriguing chairs was designed in 1930 (ill. p. 55). Interestingly, however, this is a very normal, ordinary chair. What is unusual is the way in which it was executed.

The back legs of this chair are extended upward to serve as supports for the back. These load-bearing elements are made of structural steel. Seen from the front or the back, they are in fact quite thin, although when one examines them from the side, one is immediately struck by the fact that they get narrower towards the top and again towards the bottom. They are widest

Vus toutefois de côté, on s'aperçoit qu'ils s'amincissent vers le bas et vers le haut et qu'ils obtiennent leur largeur maximum à la hauteur du siège. De ce côté – contre le siège –, la surface forme un angle, elle est rectiligne de l'autre côté.

La chaise semble ainsi réunir deux principes de construction: des pieds arrière droits et obliques en même temps. Au-dessus du siège, la partie oblique de la tôle d'acier donne au dossier l'inclinaison désirée, tandis que la béquille rectiligne de l'autre côté lui assure la stabilité nécessaire.

En ce qui concerne les matériaux, la chaise est également un «hybride». Deux tubes de métal sont soudés aux pieds en tôle d'acier à l'arrière. Ils soutiennent le siège, forment un coude vers le bas et se poursuivent en ligne droite en jouant ainsi le rôle de pieds avant.

Une telle construction pour une chaise s'écartait considérablement de ce qui était alors d'usage en Europe, aux alentours de 1930. Des architectes et créateurs de meubles comme Ludwig Mies Van der Rohe et Marcel Breuer utilisaient généralement le tube en métal comme matériau standard sans se préoccuper des différentes fonctions constructives d'un meuble. Economiser les matériaux ne constituait pas leur principal souci. Ils choisis-

*Le Corbusier, Pierre Jeanneret, Charlotte Perriand:*
Chaiselongue 2072, 1928
Stahl, Eisen, Stoff, Leder / Steel, iron, fabric, leather / Acier, fer, tissu, cuir
66 × 54 × 159
Courtesy Fischer Fine Art Ltd, London

Frau, die wie ein Roboter hinter einer Oskar-Schlemmer-Maske in seinem berühmten Sessel aus dem Jahr 1925 posierte, schließlich auf Luft, das heißt auf nichts, Platz nehmen.
Neben der Transparenz war der formale Aspekt für die Entwerfer der Neuen Sachlichkeit wichtig. Die kubische Form von Stams Kragstuhl wurde mit Hilfe einiger durch Metallrohr materialisierter Kubuskanten gebildet. Mit dem Metallrohr konnte außerdem, wie beim genannten Kragstuhl von Stam und bei vielen anderen Entwürfen, eine fortgesetzte Linie beschrieben werden.
Wenn Neuerer wie Breuer, Stam und Mies van der Rohe die Begriffe »Industrie« und »Maschine« auch mit nahezu sakraler Bedeutung aufluden, stand die verehrte Tech-

at the level of the seat. The fronts of the legs are at an angle with the seat, whereas their backs are straight.
This construction makes it appear as though the chair unites two different design principles – straight back legs and oblique ones. Above the seat the oblique side of the sheet-steel section gives the back the required oblique angle, while the upright support on the other side gives it the necessary solidity. The chair is equally a hybrid with regard to the material. Two metal tubes are welded to the two sheet-steel sections of the back. These support the seat and bend down to the front, where they serve as straight front legs.
The design of this chair differs considerably from the fashion in other parts of Europe around 1930. Architects and furni-

saient pour les tubes des qualités et des dimensions telles que la solidité était assurée aux endroits particulièrement soumis aux charges. Prouvé, par contre, faisait en sorte que l'épaisseur et les dimensions – et par conséquent la solidité – de la tôle d'acier profilée correspondent aux différentes fonctions du meuble. Même quand il s'agissait d'une chaise tout simple, qui n'était ni inclinable, ni pivotante, ni mobile d'une façon quelconque, il la considérait comme une entreprise qui, si ce n'est par sa complexité, mais par le défi qu'elle représentait, différait à peine de la construction d'une maison.
Dans la chaise de 1930, dont il a aussi créé une version démontable, Prouvé a associé la tôle d'acier profilée à la structure simple et ronde du tube métallique. Et même dans les premières versions de cette chaise, le tube se plisse à l'intérieur des coudes.
En traitant de cette façon le matériau favori des architectes d'avant-garde européens, Prouvé donnait à comprendre que ses conceptions de construction différaient grandement des leurs. Mais également sous d'autres points de vue, ses meubles, qui étaient pourtant orientés vers la production industrielle, n'entraient pas dans les normes de l'esthétique industrielle des années vingt et trente en Europe et étaient souvent associés à ce qui était connu à l'époque sous le nom de Neue Sachlichkeit.
Le Hongrois Marcel Breuer, qui résidait en Allemagne, et le Néerlandais Mart Stam construisirent en 1925 quelques chaises qui correspondaient en tous points aux nouveaux idéaux esthétiques. Dans leurs constructions, ils dépouillaient le volumineux fauteuil de grand-père pour ne lui laisser que sa carcasse. Ce caractère industriel était obtenu en remplaçant le bois, matériau traditionnel, par le tube métallique de fabrication industrielle. Avec des moyens très simples – se rapprochant plus de ceux de l'artisanat que de l'industrie –, le tube de métal pouvait être courbé dans

nik erst bei der Umsetzung in die Praxis auf der Tagesordnung. Erst im Endstadium, wenn die Entwürfe zur Realisierung anstanden, hatten Spezialisten dafür zu sorgen, daß die immateriellen Träume der Designer auch noch als Möbel Verwendung finden konnten und aufrecht stehen blieben. In diesem Zusammenhang ist anzumerken, daß der Stuhl von Mart Stam nur deshalb freischweben konnte, weil an den Biegungen massive Verstärkungsrohre eingesetzt worden waren.

Ebensowenig wie ein Bauer sein Land mit den Augen eines Touristen ansieht, ging Prouvé mit den Augen eines »Designästheten« ans Entwerfen. Er war kein »neusachlicher« Architekt oder Designer auf der Suche nach der schönen Form. Die Disziplin, die er so gründlich beherrschte, hat zweifellos mit der Welt zu tun, die die avantgardistischen Designer der zwanziger und dreißiger Jahre besonders fesselte: mit der Flugzeugindustrie. Aber sowohl in dieser Industrie wie auch in Prouvés eigenen industriellen Anstrengungen hätten sich theoretische oder formale Apriori nur hemmend ausgewirkt.

Transparenz ist nicht das entscheidende Merkmal von Prouvés Möbeln, vielmehr ist ihre materielle Existenz unübersehbar. Stahl, dem meist alle Unebenheiten der Bearbeitung belassen wurden, wurde oft nur lackiert. Eine Wertschätzung dieser »Art brut« verlangt andere ästhetische Bewertungskriterien.

V.

Jean Prouvé war 1930 einer der Mitgründer der »Union des Artistes Modernes« (UAM). Weitere Gründungsmitglieder waren Pierre Chareau, Le Corbusier, René Herbst, Pierre Jeanneret, Robert Mallet-Stevens – der der erste Vorsitzende wurde –, Charlotte Perriand und Louis Sognot. Wenn diese Vereinigung auch unübersehbar französisch war, außerdem mehr oder weniger dem Esprit Nouveau zugetan, war sie keine wirklich homogene Gesellschaft.

*Jean Prouvé:*
Moderner Nachbau von 1981 des »Fauteuil de grand repos«, entworfen 1928–30 (s. S. 44–47).
Modern copy from 1981 of the »Fauteuil de grand repos«, designed 1928–30 (cf. pp. 44–47).
Copie moderne de 1981 du «Fauteuil de grand repos», dessiné en 1928–30 (cf. p. 44–47).

ture designers such as Ludwig Mies van der Rohe and Marcel Breuer were using tubular steel as a standard material, regardless of the different constructional functions within a piece of furniture. They were not primarily concerned with economizing on material, but simply chose tubes whose quality and dimensions would withstand the necessary loads however great. Prouvé, on the other hand, was concerned that the thickness and size – and thus also the strength – of the steel section should correspond to the functions required. Even when he designed a very simple chair – one that could not be adjusted, rotated or otherwise manipulated – he approached his task with no less respect than he would a house, the only difference being one of scale perhaps, but not of complexity.
In his hybrid chair of 1930 (of which he also

la forme souhaitée. Cependant, c'était justement ce matériau, que l'on avait travaillé de façon artisanale, qui évoquait le monde mécanique et séduisant de l'industrie.
La transparence rendue possible par ces tubes d'acier fut encore accentuée grâce à un chromage ou un nickelage qui leur conférait un aspect plus éthéré. C'est ce qui anima Marcel Breuer à retoucher la photographie d'une femme, assise dans son célèbre fauteuil de 1925, aux allures de robot et se cachant derrière un masque d'Oskar Schlemmer, de sorte qu'elle flotte dans les airs et est finalement assise sur du vide.
Indépendamment de la transparence, les créateurs de la Neue Sachlichkeit attachaient une grande importance à l'aspect formel. La forme cubique de la chaise en porte-à-faux de Stam est obtenue à l'aide

»In Jean Prouvé vereinen sich Architekt und Ingenieur, richtiger noch, Architekt und Baumeister, denn alles, was er anfaßt und gestaltet, bekommt sofort eine elegante und plastische Form, mit glänzend verwirklichten Lösungen in bezug auf Haltbarkeit und industrielle Fertigung.«
Le Corbusier

»Jean Prouvé is both an architect and an engineer, or more correctly, an architect and a master builder. Everything he takes and shapes instantly acquires an elegant and sculptural form, brilliantly fulfilling the requirements of durability and industrial production processes.«
Le Corbusier

»Dans la personne de Jean Prouvé s'unissent l'architecte et l'ingénieur, mieux encore, l'architecte et le bâtisseur, car tout ce qu'il touche et crée reçoit immédiatement une forme élégante et plastique, avec des solutions magistralement réalisées du point de vue solidité et fabrication industrielle.«
Le Corbusier

---

Die Parallele zu der beinahe dreißig Jahre früher gegründeten Ecole de Nancy, der Prouvés Vater angehörte, ist dennoch zutreffend. Man sucht noch immer nach einem Anschluß der Kunst an die Industrie, noch immer wurde nach den fortschrittlichsten Mitteln für die Herstellung angewandter Kunst gesucht, wozu Möbel für die Wohnung ebenso wie die Wohnungen selbst gerechnet wurden.

Auf der ersten Ausstellung der UAM, 1930 in Paris, waren vier Stühle Prouvés zu sehen: der bereits erwähnte verstellbare Stuhl von 1924, der verstellbare Sessel von 1930 (damals noch in einer Ausführung, in der Träger und Armlehnen aneinandergeschlossene Flächen bildeten) und zwei Klappstühle aus dem Jahr 1928 (es waren zwei nötig, um das Prinzip der Zusammenschiebbarkeit zu demonstrieren). Gemeinsam ist den drei genannten Modellen die Verstellbarkeit. In der Skizze des Stuhls aus dem Jahr 1924 verdeutlichte Prouvé die Verstellbarkeit, indem er die Linien für den Sitz-Rückenteil verdoppelte, ungefähr so, wie in einem Comic die Konturen wiederholt werden, um die Bewegung eines Objektes anschaulich zu machen. Der Sitzteil konnte in eine aktivere und in eine entspannendere Position verstellt werden.

Prouvé sollte sich noch öfter mit diesem Thema beschäftigen, z. B. bei einem Sessel aus dem Jahr 1945, der nur in zwei Exemplaren gebaut wurde (Abb. S. 83). Das Sitzelement konnte gekippt werden und ermöglichte es dem Benutzer so, am Gespräch teilzunehmen oder ein Nickerchen zu machen.

In formaler Hinsicht mögen Prouvés Möbel wenig Übereinstimmung mit den Möbeln anderer europäischer Designer aufweisen, in der Hinwendung zu den Themen Verstellbarkeit und Konvertibilität kann eine Verwandtschaft als gesichert gelten. Diese Eigenschaften wie auch die raffinierten Federsysteme (mit denen sich Prouvé wenig beschäftigte) wurde vor allem in der modernen französischen Möbelkunst zu

made a version that could be taken apart), Prouvé combined structural steel with the simple, round section of a tube. On the inner face of the bends the tube is creased – a feature which accompanied even the early versions of the chair. The way in which Prouvé handled the favourite material of other avant-garde European architects made it quite clear that he disagreed with them. But his attitude was also apparent in other ways. Although his furniture was always meant for industrial production, it never fitted into the industrial aesthetic that had evolved in Europe in the twenties and thirties and was largely associated with Neue Sachlichkeit (New Objectivity).

Around 1925 Marcel Breuer, a Hungarian living in Germany, and the Dutchman Mart Stam designed several chairs that matched the new aesthetic ideals perfectly. In their designs they stripped the voluminous grandfather armchair down to its bare bones. Industrial production required the replacement of the traditional material of wood by industrially manufactured tubular steel. With simple means, those of a craftsman rather than of industry, it was now possible to bend tubular steel into the desired shape. But it was precisely these tubes, worked by hand, which conjured up the desired mechanical atmosphere of industry.

The graceful lightness of tubular steel could now be heightened wherever possible by using nickel and chrome plate. Indeed, it was not for nothing Marcel Breuer showed a woman in a retouched photograph, posing like a robot behind an Oskar Schlemmer mask in his famous 1925 armchair, apparently seated in mid-air, i. e. on nothing.

Apart from this lightness, the Neue Sachlichkeit designers put great emphasis on formal aspects. The cubic form of Stam's cantilevered chair is edged by the lines of the tubular steel. Tubular steel thus also enabled designers to describe a continu-

de quelques arêtes de cube matérialisées par le tube métallique. Avec ces tubes de métal, les designers pouvaient poursuivre, comme Stam avec sa chaise et beaucoup d'autres, une ligne continue dans leur travail.

Même si des novateurs comme Breuer, Stam et Mies Van der Rohe prêtaient une signification quasi religieuse aux notions d'«industrie» et de «machine», il semble que cette technique ne devenait réellement d'actualité dans la pratique que lors de la phase finale. Ce n'est qu'à ce moment, quand leurs dessins devaient être réalisés, que les spécialistes devaient faire en sorte que les rêves immatériels des stylistes puissent être concrétisés en meubles et que ceux-ci ne s'effondrent pas en pièces détachées. On remarquera dans ce contexte que la chaise de Mart Stam ne peut osciller librement que parce qu'elle a été pourvue de frettes massives dans les courbures.

Tout comme le paysan ne regarde jamais sa terre et ses champs avec les yeux d'un touriste, Jean Prouvé ne considérait jamais une construction sous son aspect purement esthétique. Il n'était ni un architecte de la «Neue Sachlichkeit», ni un designer à la recherche de la beauté ou de la pureté des formes.

La discipline qu'il maîtrisait avait certes un rapport avec le monde qui fascinait tant les designers d'avant-garde des années vingt et trente: l'industrie aéronautique. Mais aussi bien dans ce domaine que dans la propre usine de Prouvé, des a priori théoriques ou formels n'auraient constitué que des obstacles.

La transparence n'est pas la caractéristique déterminante des meubles de Prouvé. Au contraire, leur existence matérielle est indéniable. L'acier, auquel on avait laissé les aspérités résultant de son emboutissage, était le plus souvent simplement recouvert d'une couche de laque. Une appréciation de cet «art brut» exige d'autres critères d'évaluation.

»Der schöpferische Konstrukteur, der nicht mehr absoluter Beherrscher der Technik ist, verliert sofort den Boden. Seine ›große Geste‹ wirkt nur noch theatralisch.«

»The thinker-constructor who no longer has an absolute mastery of technique soon loses ground. His ›grand gesture‹ becomes merely theatrical.«

«Le penseur-constructeur qui n'a plus le contrôle absolu de la technique perd vite du terrain. Son «grand geste» n'est plus que théâtral.»

einer wahren Leidenschaft. Man verwandte viel Einfallsreichtum auf durchweg eher ausgefallene als nützliche Trouvaillen auf diesem Gebiet. Eine wirkliche Notwendigkeit stellen Veränderbarkeit und Verstellbarkeit von Möbeln vor allem in eng bemessenen Innenräumen dar, z. B. in Automobilen oder Flugzeugen, in einer Wohnung nur dann, wenn diese aus finanziellen Gründen nur mit dem Notwendigsten ausgestattet werden kann. In allen anderen Situationen ist die Multifunktionalität der verstellbaren Möbel lediglich komfortabel. Derart prosaische Überlegungen spielten übrigens bei der französischen Vorliebe für bewegliche Salonmöbel kaum eine Rolle. Die möbelkünstlerischen »Mobiles« übten vor allem einen ästhetischen Reiz aus.

Eine der Inspirationsquellen war hier möglicherweise das amerikanische Patentmöbel (Patent Furniture). Die Erfinder jenseits des Atlantiks erdachten für Möbel allerlei Formen der Beweglichkeit und funktionalen Metamorphosen. Die verschiedenen Einstellmöglichkeiten von Bürostühlen waren schier unbegrenzt. Auch schienen zahllose Möbelentdeckungen als Stuhl und Tisch dienen zu können. Für viele Liegesofas wurden unterschiedliche Systeme erdacht, um sie zusammenzuklappen, einzuschieben oder nötigenfalls als Bücherschrank verwenden zu können. Daneben gab es einen unaufhörlichen Strom von Anfragen auf Patente von Schaukel- oder Federungssystemen.

In Frankreich wurde das amerikanische Patentmöbel salonfähig gemacht. Louis Sognot, Geo und andere bekannte oder unbekannte französische Entwerfer entwickelten eine besondere Vorliebe für den beweglichen Stuhl. Vielfach wurden ihre luxuriös ausgeführten Möbel in modische Salons gestellt, wo noch kurz zuvor äußerst exquisite und teure Möbel eines Artdeco-Gestalters wie Emile-Jaques Ruhlmann die Atmosphäre bestimmt hatten.

Le Corbusier entwarf mit seiner beweglichen Chaiselongue, 1928, zwar nicht die

ous line in their work, as does Stam with his chair.

But although innovators like Breuer, Stam and Mies van der Rohe had attached an almost religious significance to the concepts of »industry« and »machine«, their much-admired technology only really became relevant at the final stage, when their design left the drawing board and went into production. Specialists then had to make sure that the immaterial dreams of the designers could indeed serve as furniture and did not fall to pieces.

It should be noted in this context that Mart Stam's chair was only able to hover so effortlessly thanks to very solid reinforcements at its bends.

Just as a farmer does not see his land through the eyes of a tourist, Prouvé never regarded design as something purely aesthetic. He was not an architect of the New Objectivity, nor was he a designer searching for beauty or purity of form.

The discipline which he had at his fingertips was undoubtedly related to the world which held such fascination for the avantgarde designers of the twenties and thirties – the aircraft industry. But both there and in Prouvé's own industry any theoretical or formal a priori assumptions would only have been obstacles.

Nor is graceful lightness the most important feature of Prouvé's furniture. Its material nature is always undeniable. The steel, generally with all the roughness from the work done on it remaining, is often only painted. However, we need a different aesthetic yardstick altogether in order to evaluate this »Art Brut«.

V.

In 1930 Jean Prouvé became a founding member of the »Union des Artistes Modernes« (UAM). Other founding members included Pierre Chareau, Le Corbusier, René Herbst, Pierre Jeanneret, Robert Mallet-Stevens (who became its first chairman), Charlotte Perriand and Louis Sognot. Al-

V.

En 1930, Jean Prouvé fonda l'«Union des Artistes Modernes» (l'UAM), avec Pierre Chareau, Le Corbusier, René Herbst, Pierre Jeanneret, Robert Mallet-Stevens (qui en fut le premier président), Charlotte Perriand et Louis Sognot. Bien que cette association fut incontestablement française et plus ou moins influencée par «L'Esprit nouveau», elle ne présentait aucune homogénéité. Malgré tout, elle peut soutenir une comparaison avec l'Ecole de Nancy fondée presque 30 ans auparavant et qui comptait parmi ses membres le père de Prouvé. Il existait encore le même désir de rattacher l'art à l'industrie et l'on recherchait encore les méthodes les plus avancées pour la production des arts appliqués, qui englobaient aussi bien le mobilier des maisons que les maisons elles-mêmes.

Lors de la première exposition de l'UAM en 1930, Prouvé présenta quatre chaises: la chaise inclinable de 1924 évoquée plus haut, le fauteuil inclinable de 1930 (dans une version où supports et accoudoirs étaient reliés ensemble) et deux chaises pliantes datant de 1928 (il était nécessaire d'en présenter deux afin de démontrer le principe d'emboîtement). Les trois modèles étaient inclinables. Sur l'esquisse de la chaise de 1924, Prouvé indiquait la mobilité en traçant une ligne double pour le dossier et le siège, un peu comme dans les bandes dessinées où les contours d'un objet sont répétés plusieurs fois afin de signaler le mouvement. Le siège pouvait se régler de deux façons, suivant que l'on désirait se détendre ou non.

Dans les années suivantes, Prouvé devait se pencher sur ce thème plusieurs fois encore, comme par exemple avec le fauteuil de 1945, dont il ne construisit que deux exemplaires (ill. p. 83). Le siège pouvait s'incliner de telle sorte que l'on pouvait soit poursuivre une conversation soit faire un petit somme.

Du point de vue formel, les meubles de Prouvé ont très peu en commun avec ceux

»Es gibt die verschiedensten Rohstoffe und Bearbeitungsmethoden. Ebenso verschieden sind die erfinderischen Köpfe, die sie auswählen, zusammenstellen und zur Verwirklichung bringen.«

»Raw materials and methods of shaping them vary. The creative minds who choose and match them and often put them in hand are equally diverse.«

«Les matières premières et leur façonnage sont variés. Les esprits créateurs qui les choisissent et les composent et mettent souvent le tout en œuvre, sont également variés.»

einzige, zweifellos aber die bekannteste französische »Sitzmaschine« (Abb. S. 20). Der mechanische Aspekt dieser teuer ausgeführten Kombination von Liegestuhl und Schaukel bleibt vornehmlich auf die Verschiebbarkeit des oberen Teils – der Chaiselongue – über das Gestell beschränkt. Der Terminus Sitz- oder Ruhemaschine (Corbusier selbst nannte sein Werk »machine à repos«) war mehr eine Frage der Rhetorik. Es handelte sich hier um eine der vielen Referenzen der Avantgarde-Designer gegenüber der Industrie. In der Industrie war die Maschine sowohl Werkzeug als auch Produkt. Mit dem Wort Maschine wurde zudem auch auf das moderne Freizeitleben verwiesen. Mit Freizeitmaschinen wie dem Sportgerät und dem Fahrrad hielt sich der moderne Stadtmensch in Bewegung.

Ein großer Teil von Prouvés Stühlen paßte in die oben skizzierte Atmosphäre. Seinen Sitzmaschinen fehlt jedoch die elegante Koketterie der meisten französischen, für den Salon angefertigten »Sportgeräte«. Seine Entwürfe müssen sich in den Augen des durchschnittlichen französischen Salonbewohners wahrscheinlich allzu fremd ausgenommen haben. Schließlich war selbst einem guten Teil der modernen Designer-Architekten die Welt der Metallindustrie, aus der diese Möbel stammten, vollständig unbekannt.

VI.

Der »dynamische« Charakter von Prouvés Möbeln verbirgt sich durchaus nicht nur in ihrer buchstäblichen Beweglichkeit. Oft handelt es sich nur um eine Art Spannung, die vom visualisierten Kräfteverlauf, der Dynamik, hervorgerufen wird.

Ein Stuhl oder ein Tisch auf geraden Beinen bietet den Anblick unstörbarer Passivität. Der schräge Stand z. B. von Prouvés Sessel *Cité Universitaire* von 1927[6] suggeriert dagegen Aktivität (Abb. S. 41). Das Sitzelement dieses Stuhls ist in einer bestimmten Position fixiert, als ob es in die-

though the association was an undeniably French one and more or less influenced by L'Esprit Nouveau, it was by no means homogeneous. It nevertheless reveals parallels with the Ecole de Nancy, of which Jean's father had been a member and which had been founded nearly thirty years earlier. There was the same desire to achieve a closer relationship between art and industry, and there was the same search for the most advanced methods of producing applied art, which included both domestic furniture and the actual homes themselves.

At the first UAM exhibition in Paris in 1930, Prouvé displayed four chairs: his adjustable chair of 1924, his adjustable armchair of 1930 (still in a version where supports and arm rests formed a single unit), and two folding chairs of 1928 (there had to be two of them to demonstrate the principle behind their collapsibility). All three models were adjustable. In his sketch of the 1924 chair, Prouvé indicated its adjustability by doubling the lines describing the back of the seat, as in a cartoon where movement is indicated by multiple contours. The seat offered two possible positions, one suitable for work and the other for relaxation, according to what was required.

In the years to come Prouvé was to return to this idea, in an armchair from 1945, for example, of which he produced only two specimens (ill. p. 83). The seat can be tilted so that the user can choose whether to a conversation or doze off.

Although, Prouvé's furniture had very little in common from a formal point of view with that of other European designers, there was nevertheless a certain similarity in his concern with adjustability convertibility. These qualities – together with various ingenious systems of springs (in which Prouvé took little interest) – were all the rage in modern French furniture design. Considerable inventiveness was invested in increasingly eccentric rather than useful designs in this area. But furniture only real-

des autres créateurs modernes européens, mais présentent pourtant une certaine similarité en ce qui concerne l'emploi d'éléments inclinables et interchangeables. Ces caractéristiques ainsi que les ingénieux systèmes de ressort (qui n'intéressaient pas particulièrement Prouvé) faisaient fureur dans les meubles modernes de la France des années vingt et trente. Dans ce domaine, une inventivité incroyable était mise au service de meubles qui, en général, étaient plus excentriques qu'utiles. Le réglage et l'interchangeabilité des meubles ne sont vraiment nécessaires que dans des espaces resserrés, comme dans les voitures et les avions. En appartement, ils ne se révèlent utiles que lorsque l'on est à l'étroit. Partout ailleurs, l'aspect multifonctionnel des meubles devient, au plus, un élément de confort.

De telles considérations prosaïques entraient d'ailleurs à peine en ligne de compte dans l'inclination des Français pour les meubles mobiles qui exerçaient surtout une fascination d'ordre esthétique.

Les «Patent Furniture» américains servirent très certainement de source d'inspiration. De l'autre côté de l'Atlantique, les inventeurs imaginaient toutes sortes de procédés afin d'assurer une mobilité aux meubles et leur faisaient subir de multiples métamorphoses au niveau de leur fonction. Les différentes possibilités de réglage des chaises de bureau étaient presque infinies. De même que l'on ne comptait plus les meubles pouvant servir à la fois de chaise et de table. Divers systèmes furent inventés pour les divans afin de les replier, de les emboîter et, si nécessaire de les transformer en bibliothèque. Parallèlement, on assistait à un flux incessant de demandes de brevets pour les différents systèmes de ressort et de bascule.

Les «Patent Furniture» américains firent leur entrée dans les salons français. Louis Sognot, Geo et d'autres stylistes français plus ou moins connus s'intéressèrent de plus en plus à la chaise mobile. De nom-

»Möbel faszinieren mich. Ich habe viele hergestellt, weil es in meiner Werkstatt dafür eine wichtige Abteilung gab. Eine brauchbare Möbelstruktur ist genauso schwer zu finden wie eine große Konstruktion. Meiner Meinung nach sollte man, sowie man eine Idee hat, mit dem Bau der Möbel beginnen. Erst nachdem man den Prototyp genau studiert hat, kann man eine endgültige Zeichnung machen und diese verbessern.«

»Furniture fascinates me. I have produced a great deal of it, my workshop featuring a large department for this very purpose. A useful structure for furniture is just as hard to develop as a large construction. In my opinion, you should start by building furniture according to the idea in your head. Only when you have carefully studied such a prototype can you make the final drawings and perfect it.«

»Les meubles me fascinent. T'en ai construit beaucoup parce qu'il y a tojours en dans mon atelier une importante section pour cela. Une structure de meuble utile est tout aussi difficile à trouver qu' une grande construction. A mon avis, on devrait, quand on a une idée, commencer à construire les meubles. C'est seulement après avoir minutieusement étudié le prototype que l'on peut faire un dessin définitif et l'améliorer.«

ser idealen Stellung erst nach vielem Hin- und Herrücken zur Ruhe gekommen wäre. Die Verstellbarkeit dieses Stuhls beschränkt sich auf die Armlehnen: Lederriemen, die ins U-Profil der Armlehnen rundlaufen und mit einer Schnalle nachgestellt werden können. Von diesem Sessel, mit dem Prouvé den ersten Preis in einem von der Cité Universitaire von Nancy ausgeschriebenen Wettbewerb errang, wurden nur etwa fünfzig Stück gebaut.

In anderen Möbeln scheint die Bewegung wie in einer Momentaufnahme festgehalten zu sein. Dieses Phänomen fällt bei Tischen, Stühlen und Schulmöbeln aus den dreißiger und vierziger Jahren noch am stärksten auf. Die Bewegung wird hier meist in einem sogenannten Torsionsstab aufgenommen und fixiert – als ob sich die tragenden Elemente noch kurz zuvor gedreht hätten und jeden Moment wieder damit anfangen könnten. Die Kräfte werden auf einen Punkt oder in einer Achse gebündelt, worauf sie dann wieder schräg nach unten verteilt werden.

Bei einem Stuhlentwurf aus dem Jahre 1937, dem *chaise maternelle,* gedacht für Kindergärten (es ist aber auch eine Ausführung für Erwachsene bekannt), wird das oben genannte Prinzip in den hinteren Beinen deutlich, die schräg angebracht worden sind (Abb. S. 62, 64/65).

Der 1948 von Prouvé entworfene Schreibtisch ist insofern konvertibel, als auf dasselbe Chassis verschiedene Schubladenelemente und Tischplatten montiert werden konnten (Abb. S. 104-109). Derartige Variationsmöglichkeiten sind jedoch bei industriell hergestellten Schreibtischen üblich. Bemerkenswert ist das Chassis von Prouvés Entwurf. Die Beine sind aus dreieckig profiliertem Stahlblech hergestellt und laufen nach unten konisch zu. Sie sind zusammen mit den Stützen für die Tischplatten an einem dicken, runden Rohr befestigt, welches das horizontale Verbindungselement bildet. Es sieht fast so aus, als ob die Beine die Stellung einer Degas-

ly needs to be convertible and adjustable where space is at a premium – such as in cars and aeroplanes. Adjustability is only called for in private apartments which for financial reasons can only be furnished with the essentials. Otherwise, adjustable furniture is purely a convenience.

Such down-to-earth considerations played scarcely any role at all in the French love of adjustable salon furniture. The fascination of these artistic »mobiles« was largely of an aesthetic kind.

One of their sources of inspiration was undoubtedly American patent furniture. The US inventors contrived all kinds of ways in which furniture could be made to undergo various functional metamorphoses. The different ways of adjusting an office chair were almost endless. Countless pieces of furniture were capable of doubling as chairs and tables. A large number of systems were conceived whereby a sofa could be collapsed, pushed together or even, if necessary, turned into a bookcase. These were accompanied by a never-ending stream of patents for different suspension and spring systems.

American patent furniture was now becoming respectable in France. Louis Sognot, Geo and other French designers known or unknown particularly enjoyed inventing adjustable chairs. In many cases their luxuriously produced furniture was put in fashionable salons which until recently had been dominated by exquisite and expensive furniture made by Art Deco designers such as Emile-Jacques Ruhlmann.

Le Corbusier's adjustable *chaise-longue* of 1928 (ill. p. 20) was the best-known – although not the only – French »sitting machine«. The mechanical aspect of this expensively-made combination of a lounger and a rocking chair was mainly limited to moving the top part – the *chaise-longue* – over the underframe. The term »sitting machine« – Le Corbusier himself termed his work a *machine à repos* – was

breux exemplaires de leurs meubles luxueux furent installés dans des salons à la mode, remplaçant les créations extrêmement raffinées et coûteuses d'un styliste Art déco tel que Emile-Jacques Ruhlmann.

Avec sa chaise longue mobile de 1928, Le Corbusier avait construit, bien qu'elle ne fut pas unique en son genre, la plus célèbre «machine à asseoir» française (ill. p. 20). L'aspect mécanique de cette combinaison coûteuse de chaise longue et de chaise à bascule se limitait principalement à la mobilité de la partie supérieure – la chaise longue – le long du cadre. Le terme «machine à asseoir» ou «machine à repos», comme Le Corbusier lui-même désignait son œuvre, était plutôt une figure de rhétorique. C'était l'un des nombreux hommages rendus par les stylistes d'avant-garde à l'industrie, où la machine était aussi bien l'outil que le produit. Le mot machine évoquait en outre les loisirs de la vie moderne: l'homme de la ville entretenait sa bonne forme avec des machines, qu'il s'agisse d'appareils de gymnastique ou de bicyclettes.

La plupart des chaises de Prouvé s'harmonisaient à cette atmosphère, bien que ses «machines à asseoir» n'aient pas possédé la coquetterie raffinée de la plupart des appareils de gymnastique français, construits pour des salons élégants. Aux yeux du Français moyen possédant un salon, ses constructions devaient certainement paraître étranges. En fin de compte, même une grande partie des architectes-designers modernes ignoraient tout du monde dont étaient issus ces meubles, le monde de l'industrie métallurgique.

VI.

Il serait faux de croire que le caractère «actif» des meubles de Prouvé se trouvait toujours dans leur mobilité littérale. Il ne s'agissait souvent que d'un genre de tension causée par le parcours des forces visualisées, en un mot sa dynamique.

Werbebroschüre für Stahlmöbel
Advertising leaflet for steel furniture
Brochure publicitaire pour meubles en acier
Ateliers Jean Prouvé, Nancy

schen Tänzerin eingenommen hätten: das Standbein gerade, das Spielbein schräg nach vorne abgewinkelt. Sie stehen auf den Spitzen, bereit für einen Pas de deux.

VII.
Ästhetische Form mag zwar nie Prouvés Zielsetzung oder Ausgangspunkt gewesen sein, seine Konstruktionen sind dennoch wiedererkennbar. Sie sind nicht so sehr an charakteristischen Formen, als vielmehr an charakteristischen Prinzipien festzumachen, etwa wie man Menschen an ihren Bewegungen erkennt. In bestimmter Hinsicht tragen seine Möbel (und Baukonstruktionen) aus den zwanziger und dreißiger Jahren die Kennzeichen eines Stils, der sich erst in den vierziger und fünfziger Jahren durchsetzte. Damals wurden das schräge Stuhlbein und die »freie« Form einer wie ein menschliches Organ geformten Tischplatte die neuen Ornamente. Dieser »Sputnik«-Stil war zweifellos von dem

more a matter of rhetoric, one of those many homages which avant-garde designers paid to industry. But in industry the machine was both a tool and a product. The word »machine« was also a reference to modern sports, to town dwellers keeping themselves fit by means of leisure gadgets such as gym apparatus or bicycles.

A large number of Prouvé's chairs suited this French fashion, although his sitting machines lack the elegant coquetry of most French »gym equipment« destined for the salon. The average French drawing-room dweller would perhaps have found his inventions rather strange. Indeed, even a large number of modern architects were totally unfamiliar with the world from which this furniture originated – the metal industry.

VI.
The »dynamic« character of Prouvé's furniture by no means lies solely in its literal adjustability. It is often no more than a kind of tension, created by the visualized flow of its forces – its dynamics.

A chair or table on straight legs gives an impression of impeturbable passivity. By contrast, the obliqueness of Prouvé's armchair Cité Universitaire of 1927[6] (ill. p. 41) suggests activity. The seat of this chair is fixed in a specific position as if – after a good deal of shifting about – it had finally found the ideal place and settled down. Adjustability is restricted to the armrests – strips of leather running around the U of the armrests which can be adjusted with a buckle. Although this armchair won first prize in a competition set by the Cité Universitaire of Nancy, no more than about fifty were built.

In other items movement has been captured as if frozen in a snapshot. This is most noticeable in the tables, chairs and school furniture of the thirties and forties. Movement is usually seized and fixed in a so-called torque rod – as if the load-bearing elements had still been turning a moment

Une chaise ou une table reposant sur des pieds rectilignes donne une impression de passivité imperturbable. Inversement, la ligne oblique du fauteuil Cité Universitaire réalisé par Prouvé en 1927[6] suggère l'activité (ill. p. 41). Le siège de ce fauteuil est placé dans une position bien déterminée, comme si après force va-et-vient, on avait enfin trouvé la solution idéale. La mobilité se limite aux accoudoirs: des bandes de cuir qui enserrent les accoudoirs en tôle d'acier profilée en forme de U et se règlent à l'aide d'une boucle. Bien que Prouvé ait gagné avec ce fauteuil le premier prix d'un concours lancé par la Cité universitaire de Nancy, il n'en fabriqua qu'une cinquantaine d'exemplaires.

Dans d'autres meubles, le mouvement semble avoir été saisi comme dans un instantané. Ce phénomène est plus frappant encore dans les tables, les chaises et les meubles scolaires des années trente et quarante. La plupart du temps, le mouvement est saisi et fixé dans une «barre de torsion», comme si les éléments de support venaient de subir un mouvement de rotation et s'apprêtaient à le reprendre d'un moment à l'autre. Les forces sont concentrées sur un point ou autour d'un axe et se dispersent vers le bas en suivant une ligne oblique.

Dans la chaise maternelle de 1937, conçue pour une école maternelle (mais dont il existe également une version pour adultes), ce principe est représenté concrètement au niveau des pieds arrière, qui sont fixés dans une position oblique (ill. p. 62, 64/65).

La table de bureau de 1948 est convertible dans la mesure où différents tiroirs et dessus de table peuvent être montés sur un seul et même châssis (ill. p. 104–109). De telles possibilités sont naturellement courantes dans les tables de bureau fabriquées industriellement. La construction du châssis est pourtant ici inhabituelle. Les pieds sont en tôle d'acier profilée triangulaire et se terminent en pointe vers le bas.

Werbebroschüre für Metallmöbel
Advertising leaflet for metal furniture
Brochure publicitaire pour meubles en métal
Ateliers Jean Prouvé, Maxéville

inspiriert, was in der Welt der Industrie, unter anderem in »Les Ateliers Prouvé«, auf dem Gebiet neuer Materialien und Verfahren entwickelt worden war.

Die »konstruktive Idee« stand Prouvé, wie er mehrmals betonte, sogleich als ein fertiges Bild vor Augen. Da erhebt sich die Frage, ob dieses Bild nicht aus einem Gebiet stammt, das nicht nur weiter als die Form, sondern auch weiter als die Konstruktion reicht. Man wird in dieser Hinsicht an die Gotik erinnert. Die Frage anläßlich des gotischen Spitzbogens: »Wo endet die Konstruktion, und wo beginnt der Stil?« kann auch an die Konstruktionen Prouvés gestellt werden. Wegen ihrer »informellen« Endformen zeigen Prouvés Konstruktionen einige Verwandtschaft mit dem Werk verschiedener bildender Künstler, wie Joan Miró (der gerade nach dem Krieg besonders einflußreich war) und Yves Tanguy. Auch die schwer zu beschreibenden Formen im Werk dieser Surrealisten waren

earlier and might start again any minute. The forces are concentrated at a single point or a single axis, only to be dispersed downwards again at an oblique angle.

Prouvé's *chaise maternelle,* designed in 1937, was intended for nursery schools (although a version for adults also exists); the above principle can be seen very clearly in the back legs, fixed at an oblique angle (ill. p. 62, 64/65).

Prouvé's desk of 1948 is convertible, insofar as different drawers and table tops can be mounted onto the same frame (ill. p. 104–109). Such variations are common in industrially manufactured desks. However, the frame in Prouvé's design is most unusual. The legs are made of triangular steel sections tapering conically downwards. Together with the desk top supports, they are attached to a thick round tube, which forms the horizontal linking element. It almost looks as if the legs have taken up the position of a ballet dancer by Degas, the standing leg upright and the free leg extended obliquely forwards. Both are on tiptoe, ready for a pas de deux.

VII.

Aesthetic form may never have been Prouvé's aim or starting-point. Yet his designs have a recognizable character of their own – not so much because of their typical forms, but because of their characteristic principles, perhaps in the same way that people can be identified by their gestures. To a certain extent his furniture (and buildings) of the 1920s and 1930s bore the hallmarks of a style that did not become widespread until the 1940s and 1950s, when the oblique leg of a chair and the »free« form of a table top, shaped like a human organ, became the new ornaments. This »sputnik« style was undoubtedly inspired by developments in industry – including in »Les Ateliers Prouvé« – with regard to new materials and new production methods.

Prouvé repeatedly emphasized that the »constructive concept« presented itself to

Pieds et supports du dessus de table sont fixés à un gros tube rond qui constitue l'élément horizontal de l'assemblage. On dirait que les pieds ont pris la pose d'une danseuse de Degas: la jambe de soutien droite, la jambe libre formant un angle oblique vers l'avant. Se tenant sur leur pointe, elles semblent prêtes pour un pas de deux.

VII.

Il est possible que la forme esthétique n'ait constitué pour Prouvé ni un point de départ ni un but, toutefois ses constructions possèdent un caractère qui leur est propre. On les reconnaît moins à leurs formes typiques qu'à leurs principes distinctifs, tout comme l'on reconnaît une personne à ses mouvements. A certains égards, ses meubles (et ses bâtiments) des années vingt et trente recèlent les caractéristiques d'un style qui ne devint courant que dans les années quarante et cinquante. A cette époque, le pied oblique d'une chaise et la forme «libre» d'un dessus de table évoquant une partie du corps humain représentèrent les nouveaux ornements.

Ce style «Spoutnik» subissait incontestablement l'influence des développements qui étaient réalisés dans le monde industriel – y compris aux Ateliers Prouvé – dans le domaine des matériaux et des procédés de fabrication.

Prouvé souligna maintes fois que l'«idée constructive» lui apparaissait telle une image mentale toute faite. Se soulève alors la question de savoir si cette image ne provenait pas d'un domaine qui allait au-delà de la forme et de la construction. Que l'on se souvienne à cet égard du style gothique. La question ayant trait à l'arc ogival: «Où finit la construction et où commence le style?» s'applique également aux constructions de Prouvé.

De par leur aspect final «informel», les constructions de Prouvé présentent une certaine parenté avec les œuvres de différents artistes, comme Joan Miró (qui devint particulièrement influent juste après la

Ergebnisse eines Prozesses, in dem ästhetische Apriori nicht zählten. Jean Prouvé war übrigens mit dem Künstler Alexander Calder befreundet, dessen poetische Mobiles aus Metall er sehr bewunderte.

Prouvés Stil kann »organisch« genannt werden. In diesem Sinn blieb er den Grundsätzen treu, die ihm in der väterlichen Umgebung mitgegeben worden waren. Er scheint die Lektion der Schule von Nancy gründlich verarbeitet zu haben.

Die Schmiedearbeiten, die er am Anfang der zwanziger Jahre anfertigte, zeigten noch die Merkmale des zeitgenössischen Stils, der Art deco. Seitdem arbeitete er das organische Prinzip des Kunsthandwerks des Jugendstils in Nancy mit modernen Mitteln aus. Suchte die Schule von Nancy die natürlichen Formen in der Pflanzenwelt und wurde so das Organische oft nach der Pflanzenwelt dargestellt, ging Prouvé von der Natur des industriellen oder nichtindustriellen Materials aus und verwendete die dafür geeigneten Werkzeuge. So kam er zu Formen, die nichts mehr mit dem alten, das heißt pflanzlichen Bild der Natur gemeinsam haben. Sie sprachen eine neue Sprache und das tun sie noch heute.

Jan van Geest

him as a finished mental image. This raises the question whether this image may not derive from an area that goes not merely beyond form but even beyond construction. We are reminded here of the Gothic pointed arch: the question it raises as to where construction considerations end and style begins may be« applied equally to Prouvé's designs.

The »informality« of Prouvé's final products suggests a certain kinship with the work of several painters, such as Joan Miró (who was particularly influential in the years after the war) and Yves Tanguy. Their Surrealist forms were equally difficult to describe and also resulted from a process begun without aesthetic a priori assumptions. It is interesting that Prouvé was a friend of the artist Alexander Calder, and greatly admired his poetic mobiles constructed of metal plates.

Prouvé's style can be called organic, and in this sense he remained faithful to the principles he had learnt from his father. He seems to have profoundly assimilated the teachings of the Ecole de Nancy.

His wrought ironwork of the early 1920s still showed signs of the contemporary style of Art Deco. Later, using modern methods, he elaborated the organic principle of Art Nouveau handicraft in Nancy. The Ecole de Nancy, however, was accustomed to looking for natural forms in the world of plants, and the organic was thus often expressed in terms of flora. Jean Prouvé's starting-point, on the other hand, was the nature of the industrial or non-industrial material, to which he then applied the appropriate tools. As a result, he produced forms which no longer had anything to do with vegetal images of nature. Prouvé's forms instead spoke – and still speak – a new language altogether.

Jan van Geest

guerre) et Yves Tanguy. Les formes difficilement exprimables des ces surréalistes résultaient aussi d'un processus rejetant tout a priori esthétique. Jean Prouvé était d'ailleurs l'ami d'Alexander Calder dont il admirait les mobiles poétiques en métal.

Le style de Prouvé peut être qualifié d'«organique» et dans ce sens, il est resté fidèle aux principes inculqués par le milieu paternel. Il semble avoir pleinement assimilé les enseignements de l'Ecole de Nancy.

Ses ouvrages de ferronnerie exécutés au commencement des années vingt présentent encore les caractéristiques du style contemporain, l'Art déco. A l'aide de moyens nouveaux, il élabora le principe organique prôné par l'artisanat de l'Art nouveau à Nancy. Toutefois, l'Ecole de Nancy recherchait les formes naturelles dans le monde des végétaux, et les représentations organiques n'en étaient souvent que le reflet. Jean Prouvé, lui, prenait comme point de départ la nature du matériau industriel ou non-industriel et utilisait les outils appropriés. C'est ainsi qu'il produisit des formes qui n'avaient plus rien en commun avec l'ancienne image – l'image végétale – de la nature, mais qui parlaient un tout nouveau langage, comme elles le font aujourd'hui encore.

Jan van Geest

1
Zitiert aus einem Interview mit Jean Prouvé vom 20. November 1970 von Hubert Damisch. In: *Jean Prouvé, »constructeur«,* (Katalog Centre Georges Pompidou) Paris, 1990, S. 214
2
Victor Guillaume, »Le ferronnier Jean Prouvé«, in: *Bulletin Artistique de l'Est,* Jhrg. 22, 1923, Nr. 1, S. 2
3
Briefwechsel zwischen Jean Prouvé und Organisatoren der Ausstellung *Jean Prouvé* aus dem Jahr 1976, Ecole Technique Supérieure de Genève, 1977 sowie in Ausst. kat., S. 13 (Interview)
4
Zitiert aus *Jean Prouvé. Une architecture par l'industrie,* hgg. von Benedikt Huber und Jean-Claude Steinegger, Zürich, 1971, S. 203
5
Siehe André Hermant, *Formes utiles,* Paris, 1959, S. 86 f.
6
Der Stuhl und der Wettbewerb, für den er entworfen wurde, sind auch, wahrscheinlich irrtümlich, 1927 datiert. So im Ausstellungskatalog *Jean Prouvé. Constructeur,* Museum Boymansvan Beuningen, Rotterdam, 1981.

1
Quoted from an interview by Hubert Damisch with Jean Prouvé on 20 November 1970. In *Jean Prouvé, »constructeur«,* Centre Georges Pompidou, Paris 1990, p. 214.
2
Guillaume, Victor, »Le ferronnier Jean Prouvé«, *Bulletin Artistique de l'Est,* vol. 22 (1923), no. 1, p. 2.
3
Correspondence in 1976 between Jean Prouvé and the organisers of the *Jean Prouvé* exhibition at the Ecole Technique Supérieure de Genève in 1977, also in exhibition catalogue, p. 13 (interview).
4
Quoted from *Jean Prouvé. Une architecture par l'industrie,* edited by Benedikt Huber and Jean-Claude Steinegger, Zurich 1971, p. 203.
5
C. f. André Hermant, *Formes utiles,* Paris 1959, pp. 86–87.
6
The chair and the competition for which it was designed are also, probably erroneously, dated 1927. As in the exhibition catalogue *Jean Prouvé. Constructeur,* Boymans-van Beuningen Museum, Rotterdam, 1981.

1
Citation extraite d'une entretien avec Jean Prouvé, réalisé par Hubert Damisch le 20 novembre 1970. Dans: *Jean Prouvé «constructeur»,* (Centre Georges Pompidou), Paris, 1990, p. 214.
2
Victor Guillaume, «Le ferronnier Jean Prouvé», *Bulletin Artistique de l'Est,* année 22, 1923, n° 1, p. 2.
3
Correspondance entre Jean Prouvé et les organisateurs de l'exposition *Jean Prouvé* de l'année 1976, Ecole Technique Supérieure de Genève, 1977 ainsi que catalogue d'exposition, p. 13 (entretien).
4
Citation extraite de *Jean Prouvé. Une architecture par l'industrie,* édité par Benedikt Huber et Jean-Claude Steinegger, Zurich, 1971, p. 203.
5
Voir André Hermant, *Formes utiles,* Paris, 1959, p. 86 et suiv.
6
La chaise et le concours pour lequel elle fut construite ont été probablement datés par erreur de 1927. Voir catalogue d'exposition *Jean Prouvé, «constructeur», Boymans-van Beuningen Museum,* Rotterdam, 1981.

SEITE / PAGE 30/31:
Katalogfaltblatt für die Möbel Jean Prouvés, Vorder- und Rückseite, Steph Simon, Paris, 50er Jahre
Catalogue leaflet for Jean Prouvé's furniture, front and back, Steph Simon, Paris, 1950s
Dépliant-catalogue pour les meubles de Jean Prouvé, recto-verso, Steph Simon, Paris, années 50

# LES MEUBLES DES ATELIERS JEAN PROUVÉ

Concessionnaire exclusif :
Steph SIMON
52, Av. des Champs-Elysées
Paris-8ᵉ / ELY. 45-78

**Armoire** : Réalisée entièrement en aluminium laqué ou en chêne avec flancs et armature tôle d'acier laquée. Partie gauche penderie, partie droite trois rayons sur crémaillère. Larg. 1 m. 60. Haut. 1 m. 60. Prof. 0 m. 55.

**Potence d'éclairage** : Bras de 2 m., 1 m. 50 ou 1 m. pivotant sur un axe.

**Bahut** : Réalisé entièrement en aluminium laqué ou en chêne avec flancs et armature tôle d'acier laquée. Portes coulissantes. 1 rayonnage sur crémaillère. Larg. 2 m. Haut. 1 m. Prof. 0 m. 45.

**Chaise « Cafetaria »** : Châssis métallique laqué au four. Siège et dossier contreplaqué chêne galbé et moulé. Epaisseur 8 mm.

**Chaise empilable** : Châssis métallique laqué au four. Siège et dossier contreplaqué chêne galbé et moulé épaisseur 8 mm.

**Fauteuil « Visiteur »** : Armature chêne. Dossier et siège coussins amovibles garnis de Rubbercrin et recouverts de tissu.

**Bureau « Présidence »** : Châssis métallique émaillé en tôle pliée comportant quatre pieds fuselés avec sabots acier inoxydable. Plateau chêne de 2 m. 40 × 1 m. 60. Equipement : côté droit trois petits tiroirs, 1 tiroir classeur. Hauteur 0 m. 74.

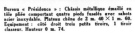

LA Tendance des études et des réalisations de Jean Prouvé dans le domaine de la construction lui a fait rechercher des formes d'ensembles mobiliers, correspondant à l'architecture nouvelle et aux nécessités économiques. C'est ainsi que ses Ateliers présentent une variété de meubles pratiquement adaptés à tous les besoins de la vie actuelle : écoles, bureaux, communautés, chez soi.
L'harmonie esthétique et plastique des lignes, la noblesse des matériaux, le raffinement des qualités d'exécution, situent les productions Prouvé dans les meubles de style. Une industrialisation judicieuse permet de les présenter à des prix qui n'excèdent pas les valeurs les plus courantes.
Les Ateliers Jean Prouvé se sont penchés sur les problèmes posés par les pays d'Outremer : influence du climat sur le bois, économie des transports. Cette étude particulière a conduit à des transpositions réalisées entièrement en métal léger, laquées et démontables.

**Bureau « Direction »** : Châssis métallique émaillé en tôle pliée comportant quatre pieds fuselés. Plateau chêne de 1 m. 60 × 0 m. 80. Equipement : de chaque côté 1 tiroir classeur, 3 petits tiroirs. Hauteur 0 m. 74.

**Classeur suspendu** : fixé sur crémaillère. Quatre bacs pour classement vertical. Caisson en tôle d'acier laquée de 1 m. 58 × 0 m. 62. Profondeur 0 m. 40.

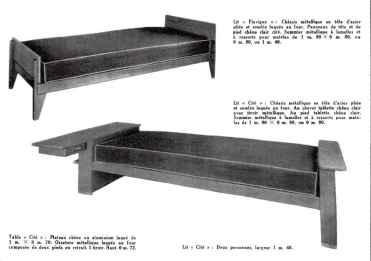

Lit « Flavigny » : Châssis métallique en tôle d'acier pliée et soudée laquée au four. Panneaux de tête et de pied chêne clair ciré. Sommier métallique à lamelles et à ressorts pour matelas de 1 m. 90 × 0 m. 80, ou 0 m. 90, ou 1 m. 40.

Lit « Cité » : Châssis métallique en tôle d'acier pliée et soudée laquée au four. Au chevet tablette chêne clair avec tiroir métallique. Au pied tablette chêne clair. Sommier métallique à lamelles et à ressorts pour matelas de 1 m. 90 × 0 m. 80, ou 0 m. 90.

Table « Cité » : Plateau chêne ou aluminium laqué de 1 m. × 0 m. 70. Ossature métallique laquée au four composée de deux pieds en retrait. 1 tiroir. Haut. 0 m. 72.

Lit « Cité » : Deux personnes, largeur 1 m. 40.

Table de Salle à Manger : Plateau chêne ou aluminium laqué de 1 m. 90 × 1 m. Quatre pieds chêne ou tôle d'acier laquée assemblés par une armature tubulaire. Haut. 0 m. 72.

Chaise bois : Carcasse chêne clair ciré. Siège et dossier contreplaqué chêne épaisseur 8 mm. Entretoises tube acier laqué.

Guéridon haut : Plateau chêne clair. Trois pieds chêne assemblés par une armature métallique laquée. Diamètres 0 m. 80, 0 m. 95, 1 m. 20. Hauteur 0 m. 70.

Fauteuil « Direction » : Châssis métallique laqué au four. Dossier et siège coussins montés sur ressorts, garnis de Rubercrin et recouverts de tissu ou de similicuir. Est réalisé fixe ou pivotant.

Pupitre scolaire biplace : Armature métallique en tôle d'acier pliée et soudée, laquée au four. Siège et dossier contreplaqué chêne. Plateau incliné de 0 m. 42 × 1 m. 15. Quatre tailles : 0 m. 55, 0 m. 65, 0 m. 70, 0 m. 75.

Table « Maternelle » : Armature métallique en tôle d'acier laquée au four. Plateau chêne clair de 0 m. 40 × 0 m. 55. Hauteur 0 m. 50.
Chaise « Maternelle » : Châssis métallique laqué au four. Siège et dossier contreplaqué chêne moulé. Hauteur 0 m. 30. Pour enfants de 3 à 5 ans.

Guéridon « Cafetaria » : Plateau bois recouvert de linoleum collé et bordé d'aluminium aluminité. Ossature métallique composée de quatre pieds en tôle pliée et soudée laquée au four. Diamètres : 0 m. 80, 0 m. 95, 1 m. 20. Hauteur 0 m. 70 (ci-dessous).

Ensemble de Bureau aménagé avec des meubles Jean Prouvé : Guéridon bas. Plateau chêne clair. Trois pieds chêne assemblés par une armature métallique laquée. Diamètres 0 m. 80, 0 m. 95, 1 m. 20. Hauteur 0 m. 35.

Bureau « Secrétaire » : Châssis métallique laqué en tôle pliée comportant quatre pieds fuselés. Plateau chêne de 1 m. 20 × 0 m. 60. Equipement : 1 petit tiroir, 1 tiroir éventail. Hauteur 0 m. 68.

Pupitre scolaire monoplace réglable : Armature en tôle d'acier pliée et soudée, laquée au four. Siège, dossier et tablette inférieure chêne. Plateau chêne de 0 m. 65 × 0 m. 45. Conformément aux prescriptions du Ministère de l'Education Nationale, ce modèle est réglable dans les deux sens, afin de permettre son utilisation pour les enfants de 5 à 15 ans.

## Die Konstruktion eines Möbelstücks

Die Konstruktion eines Möbelstücks ist eine wichtige, sogar sehr wichtige Sache, vor allem wenn es darum geht, Typen zu schaffen, die in großer Serie hergestellt werden sollen. Ein Möbelstück ist einer starken Beanspruchung ausgesetzt und muß daher eine entsprechende Widerstandskraft aufweisen. Dabei gibt es ebenso komplexe Probleme zu lösen wie bei großen Baukonstruktionen. Für mich sind die Möbel vergleichbar mit stark beanspruchten Maschinenrahmen, und das führte mich dazu, sie mit der gleichen Sorgfalt, also nach den gleichen Statikgesetzen, ja sogar aus den gleichen Materialien zu gestalten.

Die gebogenen Stahlrohre konnten mich nicht befriedigen. Mich inspirierte das Stahlblech, abgekantet, gestanzt, gerippt, dann geschweißt. Das Ergebnis waren Abschnitte von gleicher Festigkeit und starke Partien, die durch raffinierte Details und gute Fertigung hervorstachen.

Von 1924 bis 1950 entstanden die zahlreichen von mir fabrizierten Möbel stets nach den gleichen Prinzipien. Ein Möbelstück kann nicht auf dem Reißbrett entworfen werden. Ich halte es für unerläßlich, gleich nach den ersten Ideen ein Modell anzufertigen, dieses auszuprobieren, zu verbessern, beurteilen zu lassen und erst, wenn es für gut befunden wurde, alle Details durch sorgfältige Zeichnungen zu präzisieren. Die Enttäuschung oder der Enthusiasmus aller am Projekt Beteiligten entscheidet dann über dessen Fortführung.

Nach meiner Meinung verlangt also der Möbelentwurf ein gleiches Vorgehen wie jede andere Baukonstruktion.

Von 1950 an mußte ich zu meinem Leidwesen ganz auf den Bau von Möbeln verzichten, da ich nicht mehr über eine eigene Werkstätte verfügte.

## Constructing furniture

Constructing an item of furniture is a serious business, all the more so if one hopes to produce it on a large scale. Furniture is subjected to very rough treatment. We expect it to stand up under heavy stress. We make all sorts of demands upon it.

The problems set by furniture are just as complex as those involved with large structures.

I used to think of furniture as being on a par with the seating of heavy-duty machinery. I therefore took the same care over construction and applied the same tensile standards to the materials, even using the very same materials.

I found curved steel tubing unsatisfactory, while sheet steel inspired me to fold, joint, score and then weld it. This produced areas of uniform strength and strict outlines which were set off by the attention paid to detail and by the quality of the finish.

The very many items of furniture which I built between 1924 and 1950 invariably conformed to these principles. An item of furniture cannot be designed on the drawing-board. I believe it must necessarily be constructed as soon as one has visualized it, tested, altered, submitted for assessment, and only then worked out to the last detail in very accurate drawings.

One is never alone in this and the disappointment or approval of others will decide whether the project is worth continuing.

In my opinion the same process applies to furniture as to any other construction. Building an item of furniture is no light matter.

I had to give up furniture construction in 1950, to my great regret, as I no longer had a workshop.

## Construire un meuble

Construire un meuble est chose sérieuse, très sérieuse, s'il s'agit de composer des objets dans l'espoir d'une diffusion importante. Que de sévices ne subissent-ils pas, nos meubles? Que de résistance à l'effort, aux contraintes ne leur demande-t-on pas?

Les problèmes à résoudre sont aussi complexes que ceux des grandes constructions.

Je les assimilai à des bâtis de machines destinés à travailler durement, ce qui me conduisis à les composer avec les mêmes soucis, donc les mêmes règles de résistance des matériaux, voire les mêmes matériaux.

Les tubes d'acier cintrés ne pouvaient pas me satisfaire. C'est la tôle d'acier qui m'inspira. Pliée, emboutie, nervurée, puis soudée. Les sections d'égale résistance et les tracés rigoureux en découlèrent, mis en valeur par la raffinement de détail et les qualités de finition.

De 1924 à 1950, tous les très nombreux meubles que je fabriquai découlent immuablement des mêmes principes. Un meuble ne se compose pas sur une planche de dessin. Je considère comme indispensable de l'ébaucher dès qu'il est pensé, de l'éprouver, de le corriger, de le faire juger, puis, s'il est valable, d'en préciser alors seulement tous les détails par des dessins très stricts.

La déception ou l'enthousiasme des participants – on n'est jamais seul – décide de la poursuite du projet.

Donc, dans mon esprit, même processus que pour toute autre construction; un meuble, c'est sérieux!

En 1950, n'ayant plus d'atelier, je renonçai totalement à la construction de meu'ment à la construction de meubles. Ce fut pour moi très dur.

# STÜHLE UND SESSEL
# CHAIRS AND ARMCHAIRS
# CHAISES ET FAUTEUILS

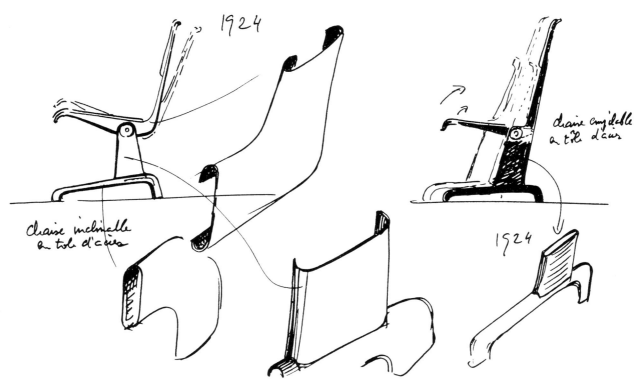

Explosionszeichnung des stapelbaren Kippstuhls, 1924
Exploded view, sketch of the folding chair
Vue éclatée, dessin d'une chaise pliante

**1  Châssis d'une chaise inclinable en tôle d'acier, 1924–1928**
Gestell eines stapelbaren Kippstuhls
Frame of a stackable folding chair
Châssis d'une chaise pliante et empilable

**2 Chaise inclinable en tôle d'acier, 1924/1981**
Kippstuhl / Folding chair / Chaise à bascule
1981 Reedition / Re-edition / Réédition

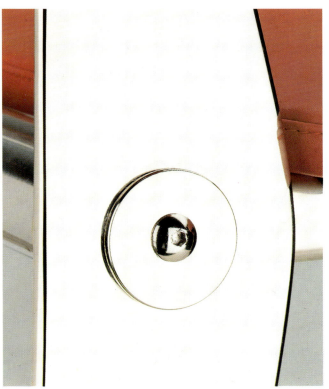

**3 Fauteuil de grand repos en tôle d'acier et cuir, 1924**
Sessel, verstellbar
Armchair, adjustable
Fauteuil, inclinable
Unikat, zerstört
One only, destroyed
Exemplaire unique, détruit
Reproduktion/Reproduction: Studio Year Book, 1932

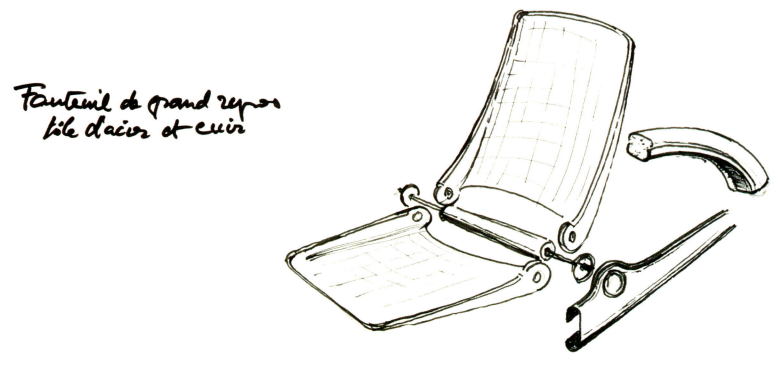

*Fauteuil de grand repos
tôle d'acier et cuir*

Explosionszeichnung des verstellbaren Sessels, 1924
Exploded view, sketch of the adjustable armchair
Vue eclatée, dessin du fauteuil

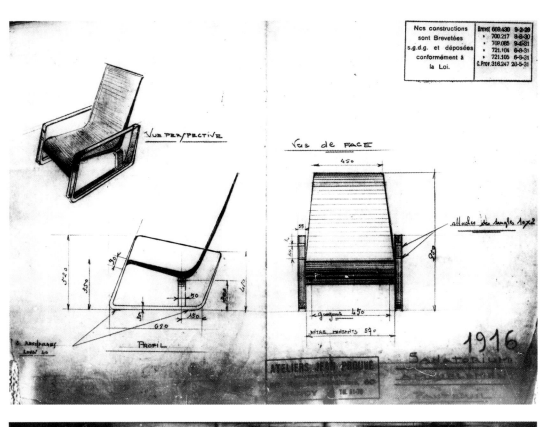
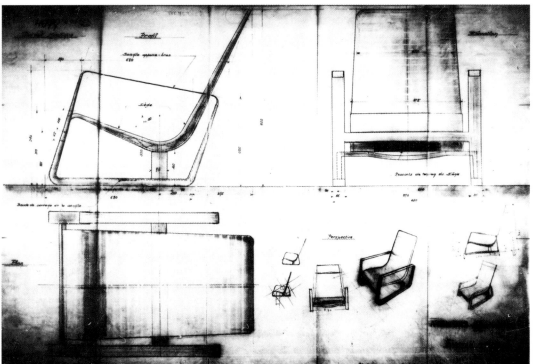

Konstruktionszeichnung zum Sessel »Cité Universitaire«
Construction drawing of the armchair »Cité Universitaire«
Dessin de construction du fauteuil «Cité Universitaire»

**4 Fauteuil métallique «Cité Universitaire», 1927**
Sessel / Armchair / Fauteuil
Unikat / One only / Exemplaire unique

**5 Fauteuil métallique «Cité Universitaire», 1927/1987**
Sessel / Armchair / Fauteuil
1987 Reedition / Re-edition / Réédition

Detail des Sessels, Untersicht
Detail of the armchair from below
Détail du fauteuil vu du bas

SEITE / PAGE 44/45:
**6 Fauteuil de grand repos, 1928–30/1981**
Sessel, stufenlos verstellbar
Armchair, infinitely adjustable
Fauteuil, inclinable sans paliers
1981 Reedition / Re-edition / Réédition

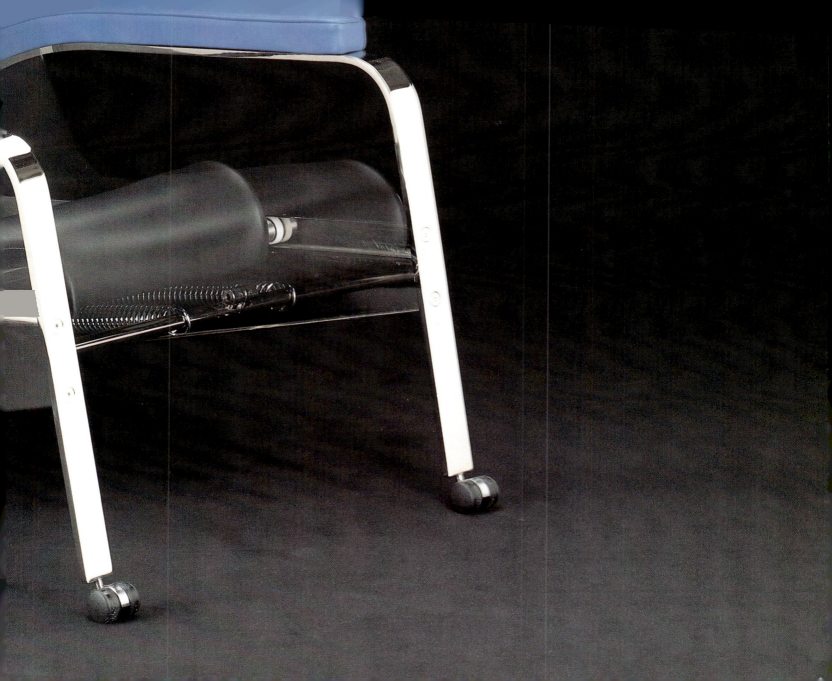

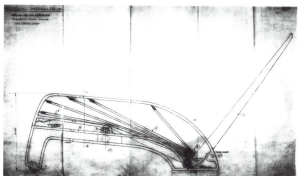

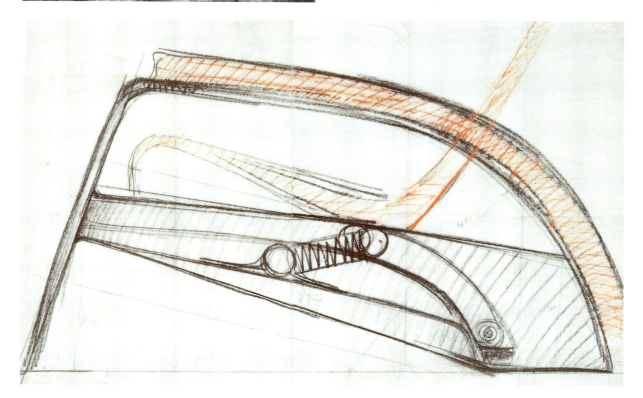

**6 Fauteuil de grand repos, 1928–30/1981**
Sessel, stufenlos verstellbar
Armchair, infinitely adjustable
Fauteuil, inclinable sans paliers
1981 Reedition / Re-edition / Réédition

Entwurfs- und Konstruktionszeichnungen zum Sessel, 1928–30
Design and construction drawings of the armchair
Dessins de conception et construction du fauteuil

Detail des Sessels, Zugfeder
Detail of the armchair, spring
Détail du ressort de traction du fauteuil

**7 Chaise de bureau, pivotante, 20er Jahre / 1920s / Années 20**
Bürostuhl, drehbar
Office chair, swivelling
Chaise de bureau, pivotante
Unikat / One only / Exemplaire unique

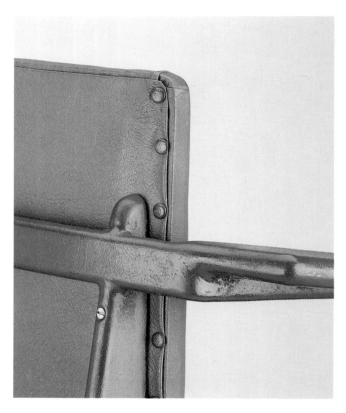 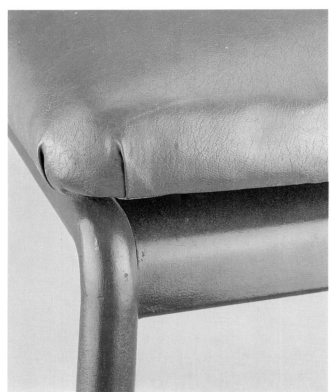

**8 Chaise de bureau pour C.P.D.E., 1935**
Büroarmlehnstuhl
Office chair with arm rests
Chaise de bureau à accoudoirs
Sonderanfertigung / Custom-made / Fabrication spéciale

**9 Fauteuil de bureau, 50er Jahre / 1950s / Années 50**
Bürosessel / Office armchair / Fauteuil de bureau
Unikat / One only / Exemplaire unique

Detail des zerlegbaren Stuhls, um 1930
Detail of the collapsible chair, c. 1930
Détail de la chaise standard démontable, vers 1930

**10** Chaise standard démontable, um 1930 / c. 1930 / vers 1930
Stuhl, zerlegbar
Chair, collapsible
Chaise, démontable

**11** Chaise standard démontable, 1930/1990
Stuhl, zerlegbar
Chair, collapsible
Chaise, démontable
1990 Reedition / Re-edition / Réédition

**12** Chaise standard, 1944
Stuhl / Chair / Chaise
Serie / Series / Série

SEITE / PAGE 56/57:
**13** Châssis de chaises démontables, um 1930 / c. 1930 / vers 1930
Stuhlgestelle, zerlegbar
Chair frames, can be dismantled
Châssis de chaise, démontables
Serie / Series / Série

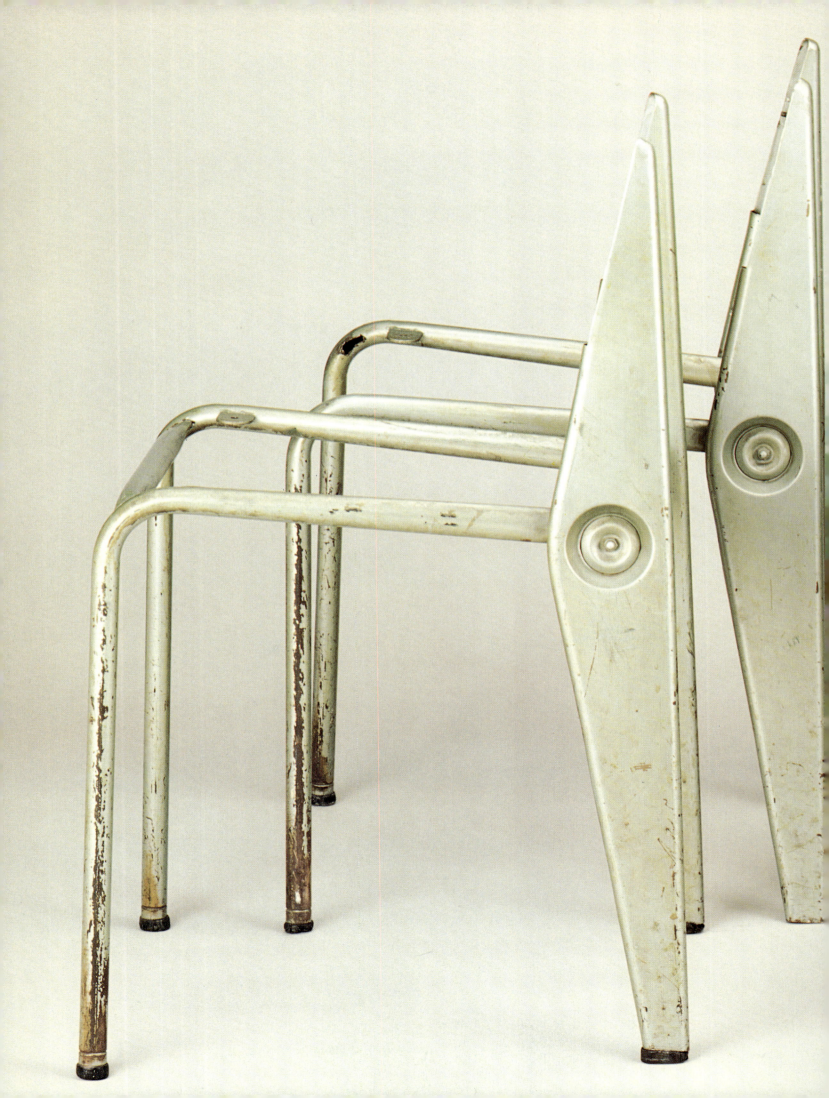

**14 Chaise coulée à coquille, 1953/1980**
Stuhl / Chair / Chaise
1980 Rekonstruktion / Reconstruction

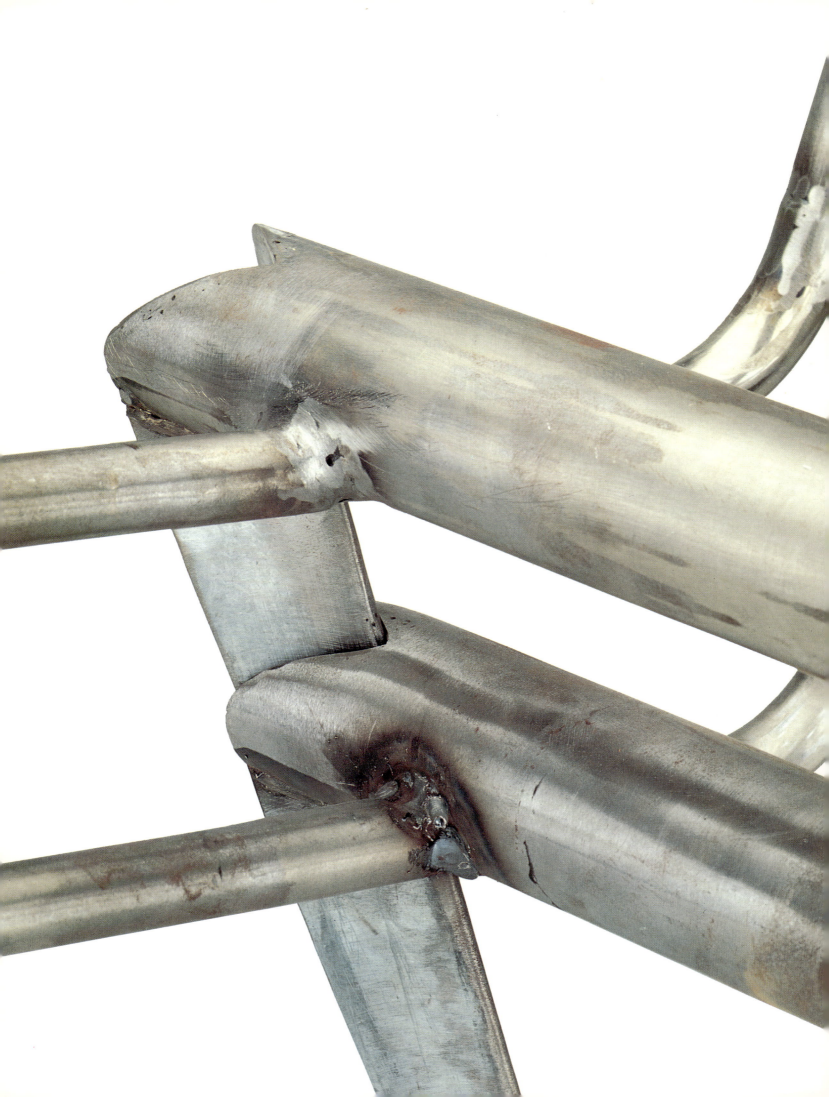

**15 Chaise à empiler, 1937/1986**
Stapelstuhl / Stackable chair / Chaise empilable
Rekonstruktion (1986) nach einem Entwurf von 1937
Reconstruction (1986) after a design from 1937
Reconstruction (1986) d'après un dessin de 1937

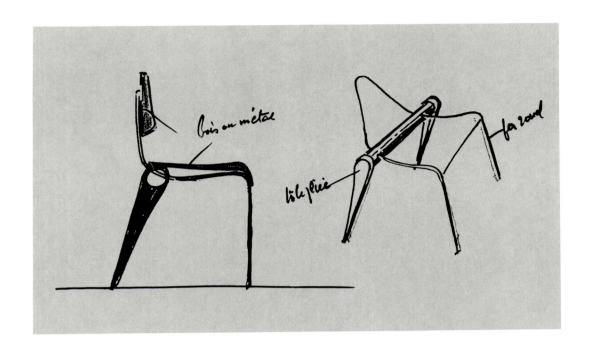

**16  Chaise maternelle, 1938**
Kinderstuhl / Child's chair / Chaise d'enfant
Kleine Serie / Small series / Petite série

**17  Table maternelle, 1938**
Kindertisch / Child's table / Table d'enfant
Kleine Serie / Small series / Petite série

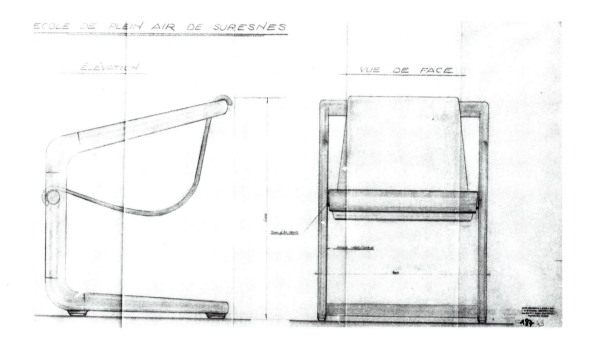

**19 Chaise maternelle, um 1937/1990 / c. 1937/1990 / vers 1937/1990**
Kinderstuhl / Child's chair / Chaise d'enfant
1990 Rekonstruktion / Reconstruction

**20 Chaise standard, 1944/1990**
Stuhl / Chair / Chaise
1990 Rekonstruktion / Reconstruction

**18 Chaise maternelle, 1937**
Stuhl / Chair / Chaise
Unikat / One only / Exemplaire unique

**21 Meubles scolaires, 30er/40er Jahre /1930s/1940s / Années 30 et 40**
Schulmöbel / School furniture / Meubles scolaires
Serie / Series / Série

**22** Meubles scolaires, 30er/40er Jahre / 1930s/40s / Années 30 et 40
Schulmöbel / School furniture / Meubles scolaires
Kleine Serie / Small series / Petite série

**23** Meubles scolaires, 30er/40er Jahre / 1930s/40s / Années 30 et 40
Schulmöbel / School furniture / Meubles scolaires
Prototyp / Prototype / Prototype

SEITE / PAGE 68/69:
Detail der in Serie gebauten Schulmöbel, 30er und 40er Jahre
Detail of the mass-produced school furniture, 1930s and 1940s
Détail des meubles scolaires construits en série, années 30 et 40

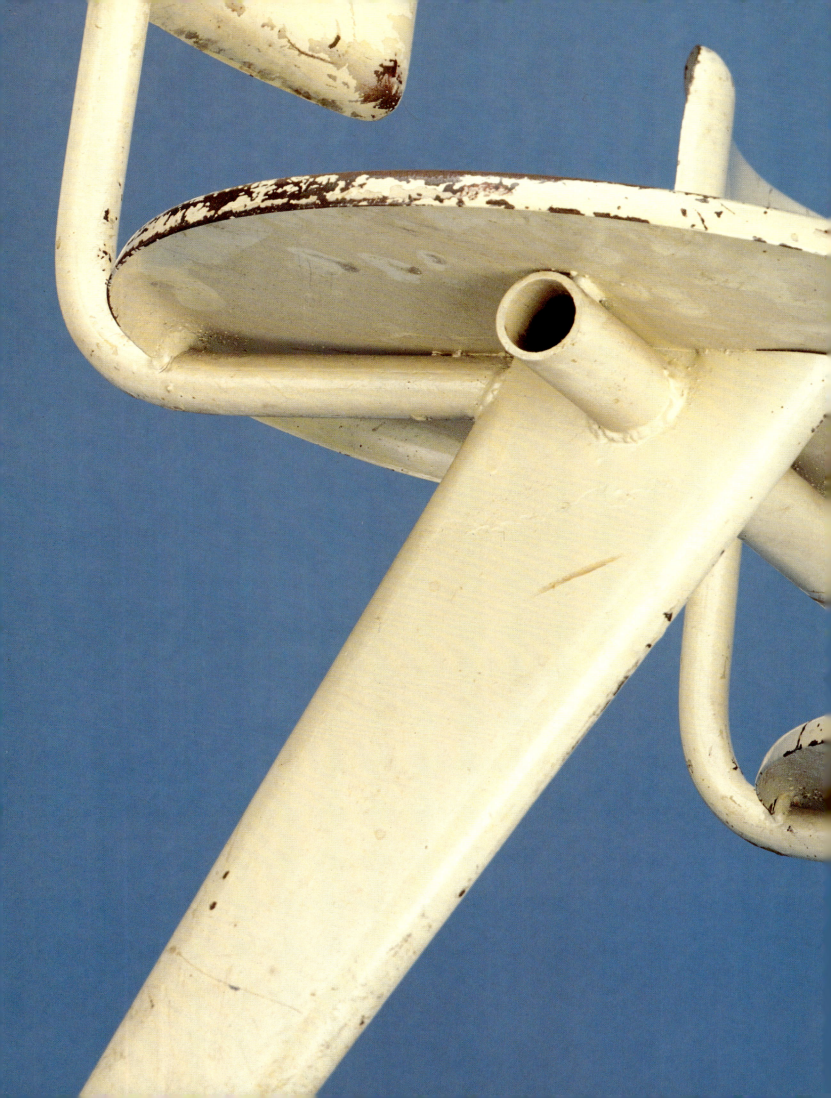

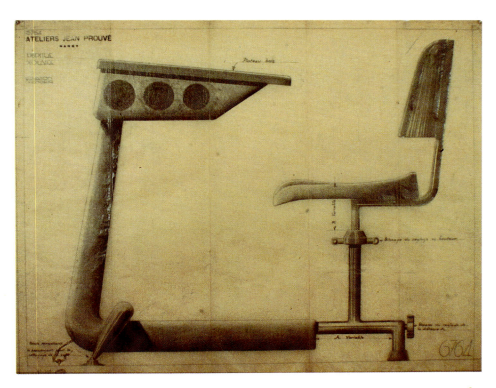
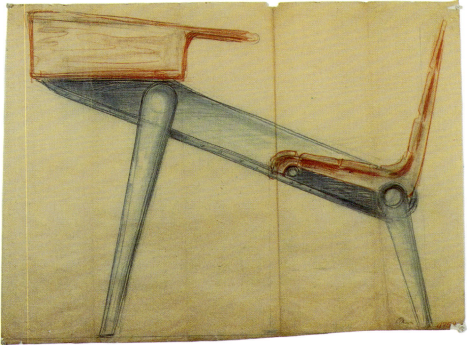

Entwurfszeichnungen zu Schulmöbeln
Design drawings for school furniture
Dessins de conception pour meubles scolaires

Eugène Beaudouin, Marcel Lods:
Freiluftschule in Suresnes, 1932–1935, mit Schulmöbeln von
Jean Prouvé
Open-air school in Suresnes, 1932–1935, with school furniture by
Jean Prouvé
Scole de plein air à Suresnes, 1932–1935, avec des meubles scolaires
par Jean Prouvé

**24 Fauteuil «Visiteur», 1941**
Sessel / Armchair / Fauteuil
Kleine Serie / Small series / Petite série

SEITE / PAGE 74/75:
Abbildung aus »Tintin in Tibet« von Hergé (1960) mit dem Sessel »Visiteur«
Illustration from »Tintin in Tibet« by Hergé (1960) with the chair »Visiteur«
Illustration de «Tintin an Tibet» de Hergé (1960) avec le fauteuil «Visiteur»

**25** Chaise en bois, 1942
Stuhl / Chair / Chaise
Kleine Serie / Small series / Petite série

**26 Chaise démontable en bois, 1945**
Holzstuhl, zerlegbar
Wooden chair, collapsible
Chaise en bois, démontable
Serie / Series / Série

Titelbild eines Katalogfaltblatts, Steph Simon, Paris, um 1950
Cover illustration of a catalogue leaflet, Steph Simon, Paris, c. 1950
Première page d'un catalogue, Steph Simon, Paris, vers 1950

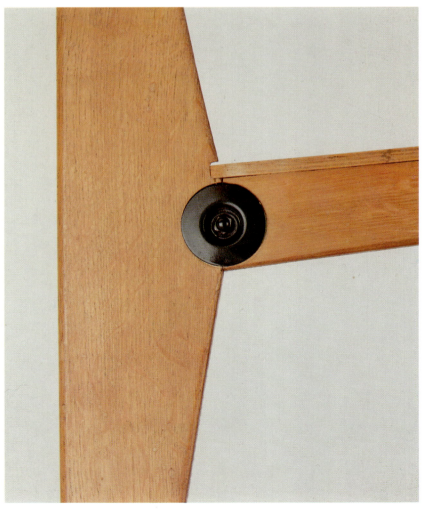

Details des zerlegbaren Holzstuhls, 1945
Details of the collapsible wooden chair
Détails de la chaise démontable en bois

Je soussigné Prouvé Jean
déclare avoir cédé à Monsieur
Kers Stopp pour la somme de 2000 Frs
— deux mille francs — un fauteuil
métallique de grand repos dont
ci contre un croquis.

Fait à Nancy le 15 juillet 1981

J. Prouvé

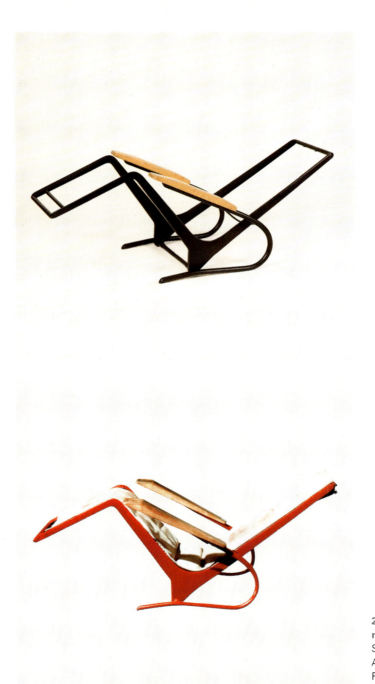

**27 Fauteuil métallique de grand repos, 1945**
Sessel, in zwei Positionen verstellbar
Armchair, adjustable to two positions
Fauteuil, inclinable à deux positions
Zwei Exemplare / Two examples / Deux exemplaires

**28 Siège de repos «Antony», 1950**
Sessel / Chair / Fauteuil
Kleine Serie / Small series / Petite série

SEITE / PAGE 86/87:
Detail des Sessels »Antony«
Detail of the chair »Antony«
Détail du fauteuil «Antony»

 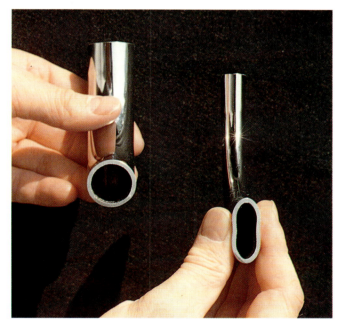

Durch die Abplattung der Rohre im gefährdeten Bereich der Biegung wird eine ausreichende Stabilität erreicht. Außerdem wird so der Stuhl stapelbar. Die konstruktive Idee »Tube aplati« Prouvés stammt aus dem Jahr 1924.

A satisfactory degree of stability is achieved by flattening out the tubes in the weaker areas. This also makes the chair stackable. Prouvé's constructive idea »Tube aplati« originated in 1924.

Une stabilité suffisante est obtenue grâce à l'aplatissement des tubes dans la zone sensible de la courbure. Par ailleurs, la chaise devient ainsi empilable. Cette idée constructrice du «Tube aplati» de Prouvé date de l'année 1924.

SEITE 90 OBEN UND MITTE:
PAGE 90 ABOVE AND MIDDLE:
PAGE 90 EN HAUT ET AU CENTRE:
Cité Universitaire, 1928–1932
Studentenwohnheim mit Möbel von Jean Prouvé
Student hall of residence with furniture by Jean Prouvé
Chambres d'étudiants avec mobilier de Jean Prouvé

SEITE 90 UND 91 UNTEN:
PAGE 90 AND 91 BELOW:
PAGES 90 ET 91 EN BAS:
Aus dem Katalogfaltblatt von Steph Simon, Paris
From the catalogue leaflet by Steph Simon, Paris
Du catalogue dépliant de Steph Simon, Paris

SEITE 91 MITTE:
PAGE 91 MIDDLE:
PAGE 91 AU CENTRE:
Exposition des Arts ménagers, Paris 1951
Maison «Coque»

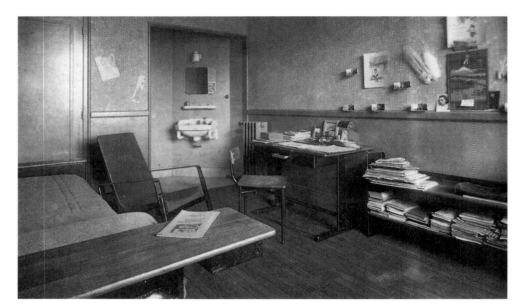

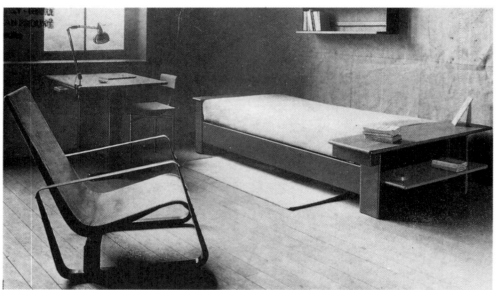

## Die Richtlinien meiner Arbeit

Zu Beginn meiner Tätigkeit wurde ich von einem Freund der Familie, St. J. Péquart, unterstützt und konnte in Nancy ein Atelier gründen. Dort arbeitete ich für einige Zeit allein. Aber sehr bald, vor allem, nachdem ich mich der eigentlichen Baukonstruktion zuwandte, wurden immer mehr Mitarbeiter benötigt, auch Arbeitsfläche und Ausrüstung erweiterten sich. Die Ateliers entwickelten sich weiter; zwei Ortswechsel wurden notwendig, und 1950 waren in den Ateliers hundertachtzig Mitarbeiter beschäftigt.

Diese Ateliers, denen ich meine ganze Zeit ohne Ruhepause widmete, erlaubten mir und meinen Mitarbeitern die Anwendung strenger Richtlinien in der Arbeit.

Die Richtlinien wurden anfänglich durch das Vorbild meines Vaters und der »Ecole de Nancy« bestimmt. Diese Gruppe von schöpferischen Geistern gab sich seinerzeit ganz der Aufgabe hin, eine zeitbedingte Umwelt zu schaffen. In ihrer Mitte spielte sich meine Kindheit ab, und das brachte mich dazu, kompromißlos meine Zeit zu leben.

Meine Arbeiten wurden bestimmt
– einerseits durch die wissenschaftliche Entwicklung, welche die ganze Technik beeinflußt,
– andererseits durch Information, durch Studium der Materialien und ihrer Verarbeitung,
– sodann durch Beobachten derjenigen, die sie anwenden,
– durch die Suche nach Inspiration und nach richtigen Entscheidungen aus der Technik heraus,
– durch das Prinzip, niemals etwas auf morgen zu verschieben, um nicht den Elan zu mindern; ebenso das Unmögliche nicht utopisch zu entwerfen. [...]
Diese Prinzipien konnte ich bis zum Jahre 1950 anwenden.

## Doctrine and guidelines

I was helped at the start by St. J. Péquart, a friend of the family and patron of the arts, and was thus able to open a studio in Nancy. For a time, I worked there alone, but very soon the approach I adopted and, in particular, a bias for new construction techniques, required an ever growing number of associates as well as space and equipment. The studios continued to expand, twice moving to new locations. We were employing one hundred and eighty associates by 1950.

I devoted my entire time to my studios and this enabled me and all my colleagues to formulate a set of very strict guidelines.

Initially, these guidelines were based on my father's example and that of the Nancy School. I spent my childhood among this closely-knit group of creative workers dedicated to the shaping of an environment appropriate to their time. I was led by them to become unconditionally part of my own era.

My work was determined
– by the evolution of science, which governs the development of techniques,
– by the accumulation of information and the study of materials and their treatment;
– next, by the observation of work in operation,
– further, by the search for inspiration, and the discovery of the options available through the practice of advanced techniques,
– finally, by the principle of never postponing decisions, so as neither to lose impetus nor indulge in unrealistic forecasts. [....]
These were the principles applied until 1950.

## Ligne de conduite

Je fus aidé au départ par un mécène ami de la famille, St. J. Péquart. Je pus ainsi fonder un atelier à Nancy. J'y travaillai quelque temps seul, puis très vite, la tournure prise, particulièrement l'ouverture vers la construction, imposa des collaborateurs de plus en plus nombreux, et aussi de la surface et des équipements. Sans cesse, changeant deux fois d'emplacement, les ateliers se développèrent, occupant cent quatre-vingts collaborateurs en 1950.

Ce sont des ateliers, auxquels je consacrai tout mon temps, au mépris de tout repos, qui me permirent d'appliquer avec tous mes collaborateurs, une ligne de conduite très stricte.

Ligne de conduite conditionnée au départ par l'exemple de mon père et de l'Ecole de Nancy. Ce groupe cohérent de créateurs, travailleurs acharnés à composer une ambiance de son époque, au milieu duquel se passa mon enfance, m'amena à être de mon temps, sans compromis. Mon travaille fut déterminé
– d'un côté, par l'évolution scientifique qui conditionne les techniques,
– de l'autre, par l'information, par l'étude des matériaux et de leur façonnage,
– puis par l'observation de ceux qui les pratiquent;
– de plus, par la recherche de l'inspiration et les partis à prendre aú niveau des techniques de pointe;
– enfin par le principe de ne jamais remettre au lendemain, pour éviter de couper l'élan, pas plus que d'anticiper utopiquement, ce qui est vain. [...]
Ces principes furent appliqués jusqu'en 1950.

# TISCHE
# TABLES

**29  Table principe aéronautique, 1924**
Flugzeugtisch / Aeronautical table / Table d'avion
Unikat / One only / Exemplaire unique

Details des Flugzeugtisches, 1924
Details of the aeronautical table
Détails de la table principe aéronautique

Rekonstruktion (1990) des Flugzeugtisches von 1924
Reconstruction (1990) of the aeronautical table from 1924
Reconstruction (1990) de la table principe aéronautique de 1924

**30 Table principe aéronautique, 1924/1990**
Flugzeugtisch / Aeronautical table / Table d'avion
1990 Reedition / Re-edition / Réédition

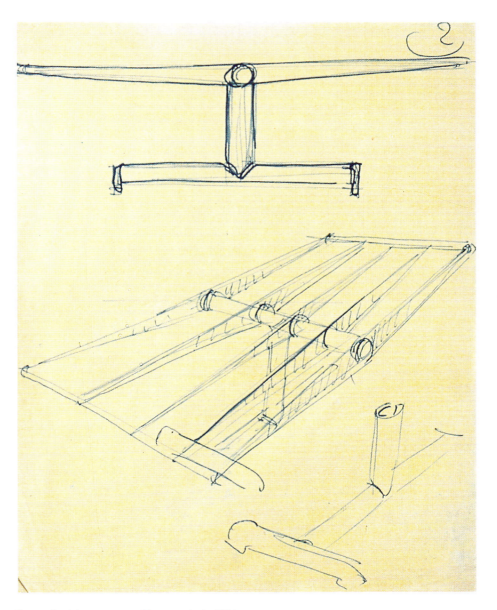

Entwurfszeichnungen zum Flugzeugtisch, 1924
Design drawing of the aeronautical table
Dessin de conception de la table principe aéronautique

**31** Table tôle pliée, 30er Jahre / 1930s / Années 30
Zeichentischuntergestell
Drawing table, base
Châssis de table à dessin
Unikat / One only / Exemplaire unique

**32** Bureau standard, 30er Jahre / 1930s / Années 30
Schreibtischuntergestell
Desk base
Châssis de bureau
Kleine Serie / Small series / Petite série

Detail des Zeichentischuntergestells, 30er Jahre
Detail of the base of the drawing table, 1930s
Détail du châssis de table à dessin années 30

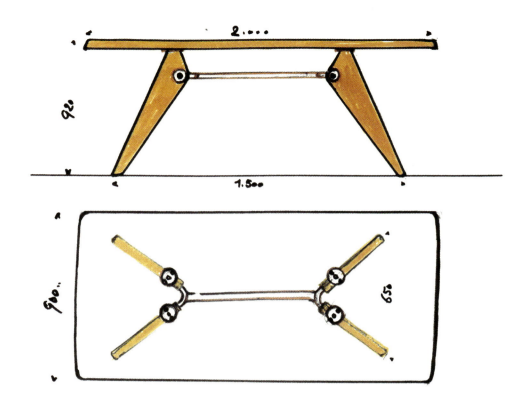

Table démontable

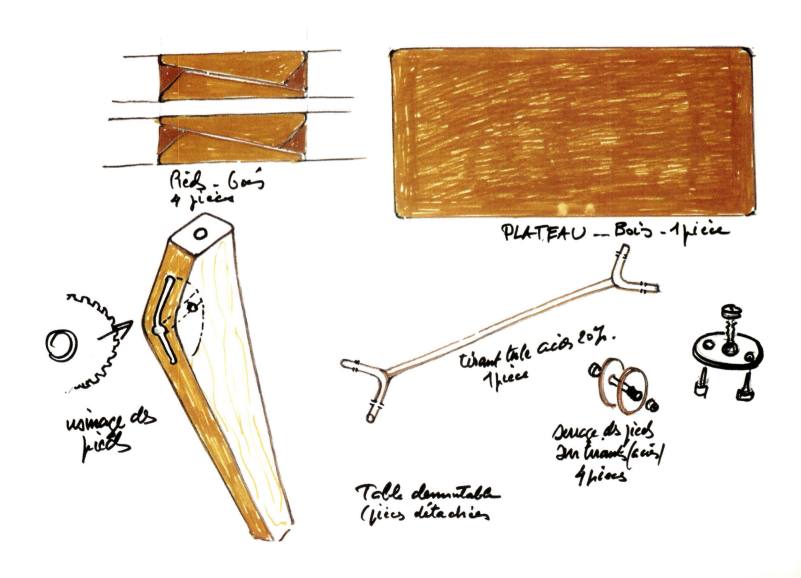

Pieds - Bois
4 pièces

PLATEAU - Bois - 1 pièce

usinage des pieds

tirant table acier 20% 
1 pièce

serrage des pieds sur tirant acier
4 pièces

Table démontable
(pièces détachées)

**33 Table en bois démontable, 1935**
Holztisch, zerlegbar
Wooden table, collapsible
Table en bois, démontable
Unikat / One only / Exemplaire unique

Entwurfszeichnungen zum zerlegbaren Holztisch
Design drawing of the wooden table
Dessin de conception pour la table en bois

Untergestell und Detail des zerlegbaren Holztisches, 1935
Base and detail of the collapsible wooden table
Châssis et détail de table en bois démontable

**34 Table, 1952**
Tisch / Table / Table
Unikat / One only / Exemplaire unique

**35 Table, 1950**
Untergestell eines Eßtisches
Dining table base
Châssis de table de salle à manger
Kleine Serie / Small series / Petite série

**36 Bureau «Compas», 1948**
Schreibtisch / Desk / Bureau
Kleine Serie / Small series / Petite série

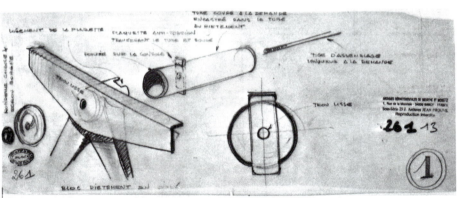

**37 Vitrine «Compas», 1948**
Vitrine / Glass cabinet / Vitrine
Unikat / One only / Exemplaire unique

Detail des Schreibtisches »Compas«, 1948
Detail of the desk »Compas«
Détail du bureau «Compas»

Detail der Vitrine »Compas«, 1948
Detail of the glass cabinet »Compas«
Détail de la vitrine «Compas»

SEITE/PAGE 110/111:
**38 Bureau «Compas», 1948**
Tisch / Table / Table
Serie / Series / Série

**39 Table tôle pliée plateau granit, 1950**
Tisch mit Granitplatte
Table with granite top
Table avec plateau en granit
Kleine Serie / Small series / Petite série

Untergestell des Tisches, 1950
Table base
Châssis de table

SEITE / PAGE 114/115:
**40 Table en bois, 1950**
Tisch mit Massivholzplatte
Table with solid wooden top
Table avec plateau en bois massif
Sonderanfertigung / Custom-made / Fabrication spéciale

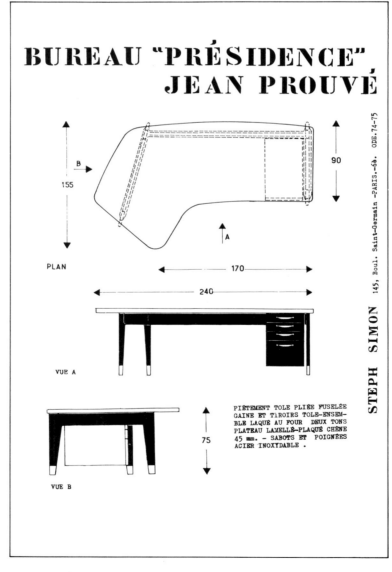

Werbeblatt, Steph Simon, Paris, 1950
Advertising leaflet, Steph Simon, Paris, 1950
Prospectus, Steph Simon, Paris, 1950

**41 Bureau «Présidence», 1950**
Schreibtisch / Desk / Bureau
Unikat / One only / Exemplaire unique

Untergestell des Konferenztisches
Conference table-base
Châssis de la table de conférence

**42 Table de conférence «Grande table», 50er Jahre / 1950s / Années 50**
Konferenztisch
Conference table
Table de conférence
Sonderanfertigung / Custom-made / Fabrication spéciale

SEITE / PAGE 120/121:
**43 Table de conférence «Grande table», 1986**
Konferenztisch / Conference table / Table de conférence
1986 Reedition / Re-edition / Réédition

Ateliers Jean Prouvé, Maxéville

Ende 1944 stand mir der dynamische, avantgardistische Industrielle aus Nancy, Schwartz, freigebig mit Ratschlägen bei. [...] Er war es auch, der mich auf das geeignete Grundstück von Maxéville aufmerksam machte und mir den Erwerb ermöglichte. [...]
Während sechs Jahren, in denen die Produktion ständig zunahm, gewährte ich mir keine Freizeit, entwickelte meine Ideen mehr und mehr, in den Ateliers, mit den Zeichnern, auf den Baustellen und mit den Kunden. Sicher war die Kreation die größte Aufgabe, aber auch die Fabrikation mußte sichergestellt werden.
Die Entwerfer und die Ausführenden lebten täglich zusammen, und das gegenseitige Verständnis spornte zu freundschaftlicher Konkurrenz an. [...]
Die Dynamik und die Resultate der Fabrik hatten die Aufmerksamkeit großer Firmen erregt, und sie erhofften sich davon einen vermehrten Gebrauch ihrer Produkte im Baugewerbe. Warum nicht? – da ich ja eine große Verbreitung beabsichtigte. Aber leider begriffen die neuen, später hinzugekommenen Leute weder den Geist unserer Werke noch die rationelle Arbeitsweise der Ateliers. [...] Dieses Unverständnis und die Unklarheiten wurden so enorm, daß ich im Alter von zweiundfünfzig Jahren alles aufgab, was ich geschaffen hatte. [...]
Mein Freund Le Corbusier sagte damals: »Man hat Ihnen die Flügel gestutzt, behelfen Sie sich mit dem, was Ihnen bleibt.« Das entsprach genau der Wahrheit.

Ateliers Jean Prouvé, Maxéville

Towards the end of 1944, Schwartz, an extremely dynamic industrialist from Nancy, showered me with advice. It was he who directed me to the magnificent industrial site at Maxéville and helped me to purchase it. [...]
Without a break, during six years of relentless expansion, I applied myself to the development and execution of new ideas, in the workshops, with the draughtsmen, on site, and together with my clients. The heaviest task, of course, was keeping up the flow of ideas, but manufacture also had to be kept in mind.
We understood each other and owing to the absence of middlemen, collaboration between the creative workers and those who executed their ideas was free. We developed a rivalry which did not go beyond the bounds of friendly competition. [...]
This dynamic approach and the creations of the factory attracted the attention of large firms which hoped to increase their production in terms of building. And indeed why not, since I was aiming at large-scale distribution? But unfortunately the new arrivals did not understand the spirit of our creations or the efficient methods applied in the workshops. [...]
This lack of understanding and the confusion which resulted became so great that when, at the age of fifty-two, I clearly saw that there was absolutely no hope of regaining lost harmony, I abandoned everything that I had created. [...]
It was then that my friend Le Corbusier said to me: »They have clipped your wings, make do with what's left.« How right he was!

Ateliers Jean Prouvé, Maxéville

Fin 1944, l'industriel nancéien très dynamique Schwartz ne me ménageait pas ses conseils d'ami et d'industriel expérimenté d'avant-garde. C'est lui en effet qui me dirigea vers le magnifique terrain industriel de Maxéville, et, aplanissant les difficultés, en facilita l'achat. [...] Pendant six années d'expansion, sans relâche, ne m'accordant aucun loisir, dans les ateliers, avec les dessinateurs, sur les chantiers et chez mes clients je ne cessai de développer et d'exploiter mes idées. Bien sûr, la charge la plus lourde était de concevoir, mais il fallait aussi assurer la fabrication. [...]
Sans relais, donc sans parasites entre créateurs et exécutants, qui se côtoyaient journellement, la compréhension mutuelle provoquait une émulation qui confinait à une amicale compétition. [...]
Le dynamisme et les créations de l'usine avaient attiré l'attention de grosses firmes qui espérèrent le développement de l'emploi de leur production pour le bâtiment. Pourquoi pas? puisque je visais la grande diffusion. Mais hélas, les hommes nouveaux venus ne comprirent pas l'esprit des créations ni la façon efficace de travailler de ces ateliers. [...]
Cette incompréhension et la confusion devinrent telles qu'à cinquante-deux ans, j'abandonnai tout ce que j'avais créé. L'ami Le Corbusier dit alors: «On vous a coupé les abattis, débrouillez-vous avec ce qui vous reste.» Que c'était donc exact!

**VERSCHIEDENE MÖBEL**
**VARIOUS FURNITURE**
**DIFFERENTS MEUBLES**

**44 Table murale pliante pour Monsieur Wittmann, 1924**
Wandklapptisch
Folding wall table
Table murale pliante
Unikat / One only / Exemplaire unique

**45 Lit «Flavigny», 1928**
Bett / Bed / Lit
Kleine Serie / Small series / Petite série

**46** Lit-Divan «Cité», 1928–32
Bett für Studentenwohnheim
Bed for student hall residence
Lit d'étudiant
Kleine Serie / Small series / Petite série

**47 Table «Cité», 1928–32**
Schreibtisch / Desk / Bureau
Sonderanfertigung / Custom-made / Fabrication spéciale

**8 Chaise de bureau pour C.P.D.E., 1935**
Büroarmlehnstuhl
Office chair with arm rests
Chaise de bureau à accoudoirs
Sonderanfertigung / Custom-made / Fabrication spéciale

**48 Bureau Direction, 1930–31**
Schreibmaschinentisch
Typewriter table
Table pour machine à écrire
Kleine Serie / Small series / Petite série

**7 Chaise de bureau, pivotante, 20er Jahre / 1920s / Années 20**
Bürostuhl, drehbar
Office chair, swivelling
Chaise de bureau, pivotante
Unikat / One only / Exemplaire unique

SEITE / PAGE 130/131:
**49 Bureau galbé, 1948**
Schreibtisch / Desk / Bureau
Sonderanfertigung / Custom-made / Fabrication spéciale

**50 Bureau standard galbé, 40er Jahre / 1940s / Années 40**
Bürostuhl, drehbar
Office chair, swivelling
Chaise de bureau, pivotante
Sonderanfertigung / Custom-made / Fabrication spéciale

**51 Guéridon haut, 1940–45**
Eßtisch / Dining table / Table de salle à manger
Kleine Serie / Small series / Petite série

**11 Chaise standard démontable, 1930/1990**
Stuhl, zerlegbar
Chair, collapsible
Chaise, démontable
1990 Reedition / Re-edition / Réédition

**52 Guéridon bas, 1940–45**
Tee-Tisch / Coffee table / Table à thé
Kleine Serie / Small series / Petite série

**29 Siège de repos «Antony», 1950**
Sessel / Chair / Fauteuil
Kleine Serie / Small series / Petite série

SEITE / PAGE 134:
**53 Panneau de façade, 1948**
Alu-Paneel als Wandelement
Aluminium panel as wall element
Panneau d'aluminium comme élément mural
Serie / Series / Série

SEITE / PAGE 135:
**54 Panneau de façade, 1948**
Alu-Paneel als Türelement
Aluminium panel as door element
Panneau d'aluminium comme élément de porte
Serie / Series / Série

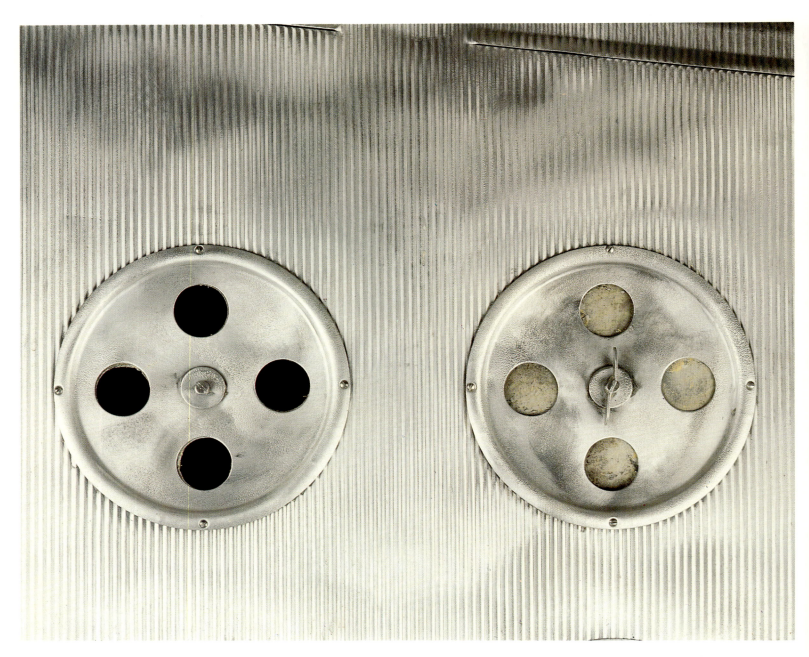

Details des Alu-Paneel als Türelement, Vorder- und Rückseite
Details of the aluminium panel as door element, front and back
Détails du panneau d'aluminium comme élément de porte, de face et de dos

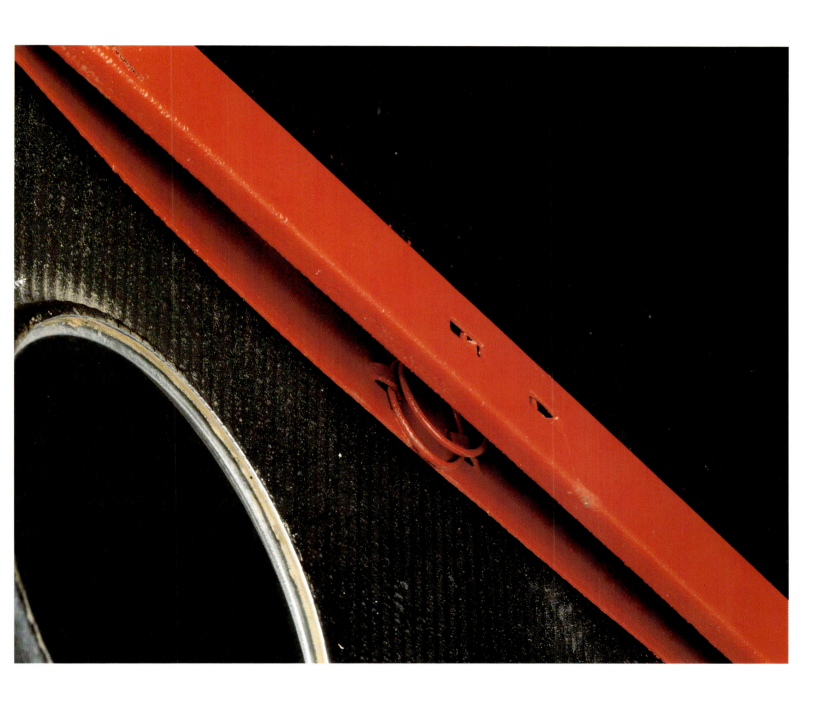

PAGE 138 UNTEN RECHTS UND LINKS:
PAGE 138 BELOW RIGHT AND LEFT:
PAGE 138 EN BAS À DROITE ET À GAUCHE:
Maison Dollander, 1952
Henri Prouvé, architecte
Tür von Jean Prouvé
Door by Jean Prouvé
Porte de Jean Prouvé

SEITE 138 OBEN RECHTS UND LINKS UND SEITE 139:
PAGE 138 ABOVE RIGHT AND LEFT AND PAGE 139:
PAGE 138 EN HAUT À DROITE ET À GAUCHE ET PAGE 139:
Maison de Jean Prouvé, Nancy 1953/54

Entwurfszeichnungen zur Anrichte, 1949
Design drawing for the cabinet
Dessin de construction pour le bahut

**55 Bahut standard, 1949**
Anrichte / Cabinet / Bahut
Serie / Series / Série

**56  Bibliothèque double face pour la Maison du Mexique, Paris, 1953**
Regal, Raumteiler
Shelves, room divider
Rayonnages, meuble de séparation
Kleine Serie von Jean Prouvé und Charlotte Perriand, Farbstudie von Sonia Delaunay
Small series by Jean Prouvé and Charlotte Perriand, chromatic study by Sonia Delaunay
Petite série de Jean Prouvé et Charlotte Perriand, étude chromatique par Sonia Delaunay

**57 Bibliothèque pour la Maison de Tunisie, 1953**
Regal / Shelves / Rayonnages
Kleine Serie von Jean Prouvé und Charlotte Perriand, Farbstudie von Sonia Delaunay
Small series by Jean Prouvé and Charlotte Perriand, chromatic study by Sonia Delaunay
Petite série de Jean Prouvé et Charlotte Perriand, étude chromatique par Sonia Delaunay

145

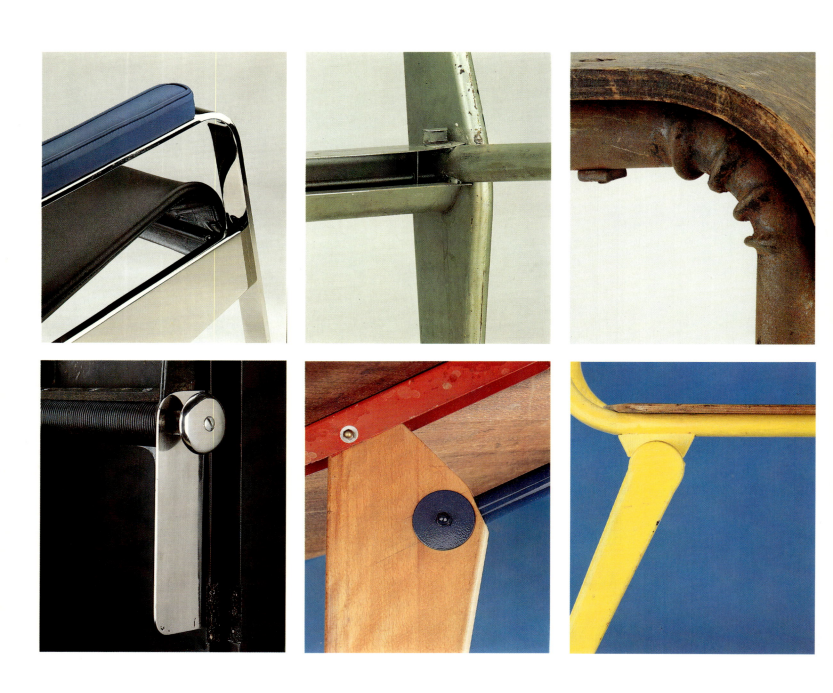

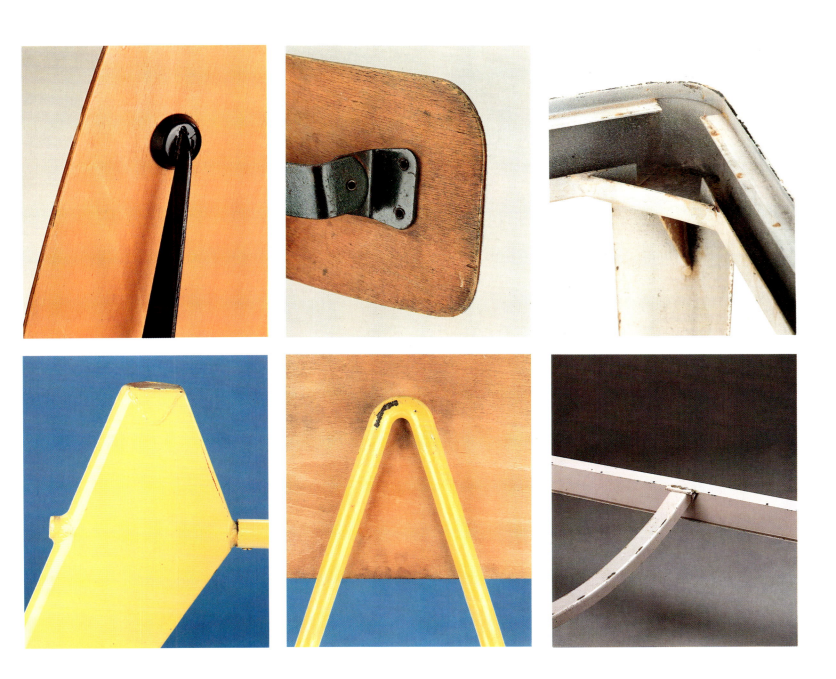

147

**Legenden
Captions
Légendes**

1
Châssis d'une chaise inclinable en tôle d'acier, 1924–28
Gestell eines stapelbaren Kippstuhls
Frame of a stackable folding chair
Châssis d'une chaise pliante et empilable
Stahl / Steel / Acier
45 × 51 × 103
Kleine Serie von 8–10 Exemplaren
Small series of 8–10 examples
Petite série de 8–10 exemplaires

2
Chaise inclinable en tôle d'acier, 1924/1981
Kippstuhl / Folding chair / Chaise à bascule
Stahl, vernickelt, Polster
Nickel-plated steel, upholstery
Acier nickelé, rembourrage
45 × 51 × 193
Reedition (1981) von Axel Bruchhäuser (TECTA) in Zusammenarbeit mit Jean Prouvé
Re-edition (1981) by Axel Bruchhäuser (TECTA) in collaboration with Jean Prouvé
Réédition (1981) de Axel Bruchhäuser (TECTA) en collaboration avec Jean Prouvé

3
Fauteuil de grand repos en tôle d'acier et cuir, 1924
Sessel, verstellbar
Armchair, adjustable
Fauteuil, inclinable
Stahl, Kunstleder
Steel, imitation leather
Acier, similicuir
Maße unbekannt / Dimensions unknown
Dimensions inconnues
Unikat, zerstört
One only, destroyed
Exemplaire unique, détruit

4
Fauteuil métallique «Cité Universitaire», 1927
Sessel / Armchair / Fauteuil
Stahl, Segeltuch, Leder
Steel, sailcloth, leather
Acier, toile à voile, cuir
67 × 78 × 82
Unikat / One only / Exemplaire unique

5
Fauteuil métallique «Cité Universitaire», 1927/1987
Sessel / Armchair / Fauteuil
Stahl, Leder / Steel, leather / Acier, cuir
67 × 78 × 82
Reedition (1987) TECTA
Re-edition (1987) TECTA
Réédition (1987) TECTA

6
Fauteuil de grand repos, 1928/1981
Sessel, stufenlos verstellbar
Armchair, infinitely adjustable
Fauteuil, inclinable sans paliers
Stahl, Leder / Steel, leather / Acier, cuir
62 × 103 × 92
Reedition (1981) nach Skizzen von 1928–30 in Zusammenarbeit von Jean Prouvé und Axel Bruchhäuser (TECTA)
Re-edition (1981) after sketches from 1928–30 in collaboration with Jean Prouvé and Axel Bruchhäuser (TECTA)
Réédition (1981) d'après des esquisses de 1928–30 en collaboration avec Jean Prouvé et Axel Bruchhäuser (TECTA)

7
Chaise de bureau, pivotante, 20er Jahre / 1920s / Années 20
Bürostuhl, drehbar
Office chair, swivelling
Chaise de bureau, pivotante
Holz, Stahl / Wood, steel / Bois, acier
40 × 54 × 77
Unikat / One only / Exemplaire unique

8
Chaise de bureau pour C.P.D.E., 1935
Büroarmlehnstuhl
Office chair with arm rests
Chaise de bureau à accoudoirs
Holz, Stahl, Kunstleder
Wood, steel, imitation leather
Bois, acier, similicuir
66 × 54 × 78
Sonderanfertigung / Custom-made / Fabrication spéciale

9
Fauteuil de bureau, 50er Jahre / 1950s / Années 50
Bürosessel  Office armchair
Fauteuil de bureau
Stahl, Kunstleder
Steel, imitation leather
Acier, similicuir
47 × 48 × 80
Unikat / One only / Exemplaire unique

10
Chaise standard démontable, um 1930 / c. 1930 / vers 1930
Stuhl, zerlegbar
Chair, collapsible
Chaise, démontable
Holz, Stahl / Wood, steel / Bois, acier
41 × 46 × 81
Unikat / One only / Exemplaire unique

11
Chaise standard démontable, 1930 / 1990
Stuhl, zerlegbar
Chair, collapsible
Chaise, démontable
Holz, Stahl / Wood, steel / Bois, acier
41 × 46 × 81
Reedition (1990) TECTA (rote Ausführung)
Re-edition (1990) TECTA (red version)
Réédition (1990) TECTA (version rouge)

12
Chaise standard, 1944
Stuhl / Chair / Chaise
Holz, Stahl / Wood, steel / Bois, acier
41 × 46 × 81
Serie / Series / Série

13
Châssis de chaises démontables, um 1930 / c. 1930 / vers 1930
Stuhlgestelle, zerlegbar
Chair frames, collapsible
Châssis de chaise, démontables
Stahl / Steel / Acier
36 × 46 × 70
Serie / Series / Série

14
Chaise coulée à coquille, 1953/1980
Stuhl / Chair / Chaise
Holz, Aluguß, Leder
Wood, cast aluminium, leather
Bois, aluminium, cuir
34 × 49 × 72
Rekonstruktion (1980) nach einem Prototyp von Jean Prouvé und der Architektin Hélène Diebold von 1953
Reconstruction (1980) after a prototype, 1953, by Jean Prouvé and the architect Hélène Diebold
Reconstruction (1980) d'après un prototype 1953 de Jean Prouvé et de l'architecte Hélène Diebold

15
Chaise à empiler, 1937/1986
Stapelstuhl / Stackable chair / Chaise empilable
Stahl / Steel / Acier
46,5 × 53 × 75
Rekonstruktion (1986) nach einem Entwurf von 1937
Reconstruction (1986) after a design from 1937
Reconstruction (1986) d'après un dessin de 1937

16
Chaise maternelle, 1938
Kinderstuhl / Child's chair / Chaise d'enfant

Holz, Stahl / Wood, steel / Bois, acier
32 × 36 × 56
Kleine Serie / Small series / Petite série

17
Table maternelle, 1938
Kindertisch / Child's table / Table d'enfant
Holz, Stahl / Wood, steel / Bois, acier
55 × 39 × 58
Kleine Serie / Small series / Petite série

18
Chaise maternelle, 1937
Stuhl / Chair / Chaise
Holz, Stahl / Wood, steel / Bois, acier
41 × 44 × 81
Unikat / One only / Exemplaire unique

19
Chaise maternelle, um 1937 / 1990
c. 1937 / 1990 / vers 1937 / 1990
Kinderstuhl / Child's chair / Chaise d'enfant
Rekonstruktion (1990) nach einem Entwurf von ca. 1937
Reconstruction (1990) after a design from c. 1937
Reconstruction (1990) d'après un dessin vers 1937

20
Chaise standard, 1944 / 1990
Stuhl / Chair / Chaise
Holz, Stahl / Wood, steel / Bois, acier
41 × 46 × 81
Rekonstruktion (1990) nach dem in Serie gebauten Stuhl von 1944
Reconstruction (1990) after the chair
Reconstruction (1990) d'après une chaise construite en série en 1944

21
Meubles scolaires, 30er und 40er Jahre / 1930s and 1940s / Années 30 et 40
Schulmöbel
School furniture
Meubles scolaires
Holz, Stahl / Wood, steel / Bois, acier
115 × 86 × 72
Serie / Series / Série

22
Meubles scolaires, 30er und 40er Jahre / 1930s and 40s /
Années 30 et 40
Schulmöbel / School furniture
Meubles scolaires
Holz, Stahl / Wood, steel / Bois, acier
62 × 80 × 65–80
Kleine Serie / Small series / Petite série

23
Meubles scolaires, 30er und 40er Jahre / 1930s and 40s /
Années et 30/40
Schulmöbel
School furniture
Meubles scolaires
Holz, Stahl / Wood, steel / Bois, acier
70 × 92 × 65–80
Prototyp / Prototype / Prototype

24
Fauteuil «Visiteur», 1941
Sessel / Armchair / Fauteuil
Holz, Stahl, Polster
Wood, steel, upholstery
Bois, acier, rembourrage
67 × 90 × 90
Kleine Serie / Small series / Petite série

25
Chaise en bois, 1942
Stuhl / Chair / Chaise
Holz / Wood / Bois
41 × 46 × 82
Kleine Serie / Small series / Petite série

26
Chaise démontable en bois, 1945
Holzstuhl, zerlegbar
Wooden chair, collapsible
Chaise en bois, démontable
Holz, Stahl / Wood, steel / Bois, acier
41 × 46 × 80
Serie / Series / Série

27
Fauteuil métallique de grand repos, 1945
Sessel, in zwei Positionen verstellbar
Armchair, adjustable to two positions
Chaise longue, inclinable à deux positions
Holz, Stahl / Wood, steel / Bois, acier
55 × 150 × 50
Zwei Exemplare
Two examples
Deux exemplaires

28
Siège de repos «Antony», 1950
Sessel / Chair / Fauteuil
Holz, Stahl / Wood, steel / Bois, acier
50 × 66 × 86
Kleine Serie / Small series / Petite série

29
Table principe aéronautique, 1924
Flugzeugtisch
Aeronautical table
Table d'avion

Stahl / Steel / Acier
182 × 86 × 73
Unikat / One only / Exemplaire unique

30
Table principe aéronautique, 1924/1990
Flugzeugtisch
Aeronautical table
Table d'avion
Stahl, vernickelt, Gummibespannung
Nickel-plated steel, rubber covering
Acier chromé, tissu en caoutchouc
182 × 86 × 73
Reedition (1990) in Zusammenarbeit mit dem Architekten
Claude Prouvé und Axel Bruchhäuser (TECTA)
Re-edition (1990) by Claude Prouvé and Axel Bruchhäuser (TECTA)
Réédition (1990) Claude Prouvé en collaboration avec Axel Bruchhäuser (TECTA)

31
Table tôle pliée, 30er Jahre / 1930s / Années 30
Zeichentischuntergestell
Drawing table, base
Châssis de table à dessin
Stahl / Steel / Acier
202 × 92 × 72,5
Unikat / One only / Exemplaire unique

32
Bureau standard, 30er Jahre / 1930s /
Années 30
Schreibtischuntergestell
Desk base
Châssis de bureau
Stahl / Steel / Acier
150 × 83 × 71
Kleine Serie / Small series / Petite série

33
Table en bois démontable, 1935
Holztisch, zerlegbar
Wooden table, collapsible
Table en bois, démontable
Holz, Stahl / Wood, steel / Bois, acier
190 × 100 × 74
Unikat / One only / Exemplaire unique

34
Table, 1952
Tisch / Table / Table
Stahl, Aluminium
Steel, aluminium
Acier, aluminium
Maße unbekannt
Dimensions unknown
Dimensions inconnues
Unikat / One only / Exemplaire unique

35
Table, 1950
Untergestell eines Eßtisches
Dining table base
Châssis de table de salle à manger
Stahl / Steel / Acier
140 × 66 × 67,5
Kleine Serie / Small series / Petite série

36
Bureau «Compas», 1948
Schreibtisch / Desk / Bureau
Holz, Stahl, Aluminium, Kunststoff
Wood, steel, aluminium, plastic
Bois, acier, aluminium, matière plastique
152 × 68 × 73
Kleine Serie / Small series / Petite série

37
Vitrine «Compas», 1948
Vitrine / Glass cabinet / Vitrine
Holz, Stahl, Glas
Wood, steel, glass
Bois, acier, verre
151,5 × 56 × 89
Unikat / One only / Exemplaire unique

38
Bureau «Compas», 1948
Tisch / Table / Table
Holz, Stahl, Kunststoff
Wood, steel, plastic
Bois, acier, matière plastique
180 × 80 × 71
Serie / Series / Série

39
Table tôle pliée plateau granit, 1950
Tisch mit Granitplatte
Table with granite top
Table avec plateau en granit
Stahl, Granit / Steel, granite / Acier, granit
76 × 205 × 71,5
Kleine Serie / Small series / Petite série

40
Table en bois, 1950
Tisch mit Massivholzplatte
Table with solid wooden top
Table avec plateau en bois massif
Holz, Stahl / Wood, steel / Bois, acier
142 × 88 × 67
Sonderanfertigung
Custom-made
Fabrication spéciale

41
Bureau «Présidence», 1950
Schreibtisch / Desk / Bureau
Holz, Stahl / Wood, steel / Bois, acier
230 × 140 × 75
Unikat / One only / Exemplaire unique

42
Table de conférence «Grande table», 50er Jahre / 1950s / Années 50
Konferenztisch; Untergestell
Conference table; base
Table de conférence; châssis
Holz, Stahl / Wood, steel / Bois, acier
330 × 70 × 70
Sonderanfertigung
Custom-made
Fabrication spéciale

43
Table de conférence «Grande table», 1986
Konferenztisch
Conference table
Table de conférence
Holz, Stahl / Wood, steel / Bois, acier
226 × 86 × 72
Reedition (1986) TECTA
Re-edition (1986) TECTA
Réédition (1986) TECTA

44
Table murale pliante pour Monsieur Wittmann, 1924
Wandklapptisch
Folding wall table
Table murale pliante
Stahl, Gummibespannung
Steel, rubber covering
Acier, tissu en coutchouc
75 × 59 × 25
Unikat / One only / Exemplaire unique

45
Lit «Flavigny», 1928
Bett / Bed / Lit
Holz, Stahl / Wood, steel / Bois, acier
80 × 190 × 55
Kleine Serie / Small series / Petite série

46
Lit-divan «Cité», 1928–32
Bett für Studentenwohnheim
Bed for student hall residence
Lit d'étudiant
Holz, Stahl / Wood, steel / Bois, acier
125 × 227 × 52
Kleine Serie / Small series / Petite série

47
Table «Cité», 1928–32
Schreibtisch / Desk / Bureau
Holz, Stahl, Aluminium, Linolium
Wood, steel, aluminium, linoleum
Bois, acier, aluminium, linoléum
90 × 70 × 72
Sonderanfertigung für die Cité Universitaire de Nancy
Custom-made for the Cité Universitaire de Nancy
Fabrication spéciale pour la Cité Universitaire de Nancy

48
Bureau direction, 1930–31
Schreibmaschinentisch
Typewriter table
Table pour machine à écrire
Holz, Stahl / Wood, steel / Bois, acier
120 × 61 × 69
Kleine Serie / Small series / Petite série

49
Bureau galbé, 1948
Schreibtisch / Desk / Bureau
Holz, Stahl / Wood, steel / Bois, acier
200 × 96 × 74
Sonderanfertigung für Madame Bernard
Custom-made for Madame Bernard
Fabrication spéciale pour Madame Bernard

50
Bureau standard galbé, 40er Jahre / 1940s / Anneés 40
Bürostuhl, drehbar
Office chair, swivelling
Chaise de bureau, pivotante
Holz, Stahl, Kunstleder
Wood, steel, imitation leather
Bois, acier, similicuir
62 × 58 × 80
Sonderanfertigung für Madame Bernard
Custom-made for Madame Bernard
Fabrication spéciale pour Madame Bernard

51
Guéridon haut, 1940–45
Eßtisch / Dining table / Table de salle à manger
Holz, Stahl / Wood, steel / Bois, acier
⌀ 129 × 70
Kleine Serie / Small series / Petite série

52
Guéridon bas, 1940–45
Tee-Tisch / Coffee table / Table à thé
Holz, Stahl / Wood, steel / Bois, acier
⌀ 79 × 35
Kleine Serie / Small series / Petite série

53
Panneau de façade, 1948
Alu-Paneel als Wandelement

Aluminium panel as wall element
Panneau d'aluminium comme élément mural
Aluminium, Stahl / Aluminium, steel /
Aluminium, acier
100 × 12 × 200
Serie / Series / Série

54
Panneau de façade, 1948
Alu-Paneel als Türelement
Aluminium panel as door element
Panneau d'aluminium comme élément de porte
Aluminium, Stahl / Aluminium, steel /
Aluminium, acier
86 × 12 × 214
Serie / Series / Série

55
Bahut standard, 1949
Anrichte / Cabinet / Bahut
Holz, Stahlblech
Wood, sheet steel
Bois, tôle d'acier
200 × 45 × 100
Serie / Series / Série

56
Bibliothèque double face pour la Maison
du Mexique, Paris, 1953
Regal, Raumteiler
Shelves, room divider
Rayonnages, meuble de séparation
Holz, Aluminiumblech
Wood, sheet aluminium
Bois, tôle d'aluminium
186 × 32 × 162
Kleine Serie von Jean Prouvé und Charlotte
Perriand, Farbstudie von Sonia Delaunay
Small series by Jean Prouvé and Charlotte
Perriand, chromatic study by Sonia Delaunay
Petite série de Jean Prouvé et Charlotte Perriand, étude chromatique par Sonia Delaunay

57
Bibliothèque pour la Maison de Tunisie, 1953
Regal / Shelves / Rayonnages
Holz, Aluminiumblech
Wood, sheet aluminium
Bois, tôle d'aluminium
353 × 53 × 161
Kleine Serie von Jean Prouvé und Charlotte
Perriand, Farbstudie von Sonia Delaunay
Small series by Jean Prouvé and Charlotte Perriand, chromatic study by Sonia Delaunay
Petite série de Jean Prouvé et Charlotte Perriand, étude chromatique par Sonia Delaunay

Die Maßangaben beziehen sich auf Breite ×
Tiefe × Höhe.

The measurements refer to breadth × depth ×
height.

Les mesures se rapportent à la largeur × profondeur × hauteur

Die Datierung der Möbel Jean Prouvés ist nicht
immer sichergestellt. Prouvé selbst hat unterschiedliche Angaben zu den Entwürfen und Ausführungen seiner Möbel gemacht. Dazu kommen unterschiedliche Ergebnisse der Kenner
Prouvés.

It is not always possible to date Jean Prouvé's
furniture accurately. Prouvé himself gave contradictory information on the designs and execution of his furniture. The differing conclusions
reached by various Prouvé experts must also be
taken into consideration.

La datation des meubles de Jean Prouvé n'est
pas toujour établie. Prouvé lui-même a fourni
des indications différentes concernant la conception et la fabrication de ses meubles. A ceci
s'ajoutent les différentes déductions des connaisseurs des meubles de Prouvé.

# Jean Prouvé 1901–1984
# Leben und Werk

Jean Prouvé, um 1970
Photo: Kees Stoop

**1901**
Am 8. April in Paris geboren, wächst in Nancy auf.

**1916–1919**
Lehrling beim Kunstschmied Emile Robert.

**1919–1921**
Lehrling beim Kunstschmied Szabo in Paris. Führt in eigener Verantwortung Aufträge für Schmiedearbeiten aus.

**1921–1923**
Militärdienst.

**1923**
Eröffnet eigene Werkstatt (ca. 200 m$^2$) in der Rue Général Custine in Nancy.

**1923–1926**
Fertigt erste Möbel. Verabeitet dünnes Stahlblech, schafft neue Maschinen an, führt das Elektroschweißverfahren ein. Geht nach Paris, um Aufträge zu akquirieren. Lernt Robert Mallet-Stevens, Pierre Jeanneret und Le Corbusier kennen. »Diplôme d'honneur« auf der Exposition Internationale des Arts Décoratifs in Paris (1925).

**1930–1931**
Mitbegründer der »Union des Artistes Modernes« (UAM). Bezieht eine neue Werkstatt (ca. 2000 m$^2$) in der Rue des Jardiniers in Nancy. Gründet mit seinem Schwager, dem Ingenieur A. Schotte, die Aktiengesellschaft »Les Ateliers Jean Prouvé«. Anschaffung einer schweren Falzmaschine. Experimentiert mit dem Profilieren dünnen Stahlblechs, um eine selbsttragende Struktur zu erhalten.

**1931–1939**
Zusammenarbeit mit den Architekten Tony Garnier, Eugène Beaudouin und Marcel Gabriel Lods.

**1940–1944**
Aktiv in der »Résistance«.

**1944**
Grundstückskauf für Fabrik in Maxéville (20 000 m$^2$). Nach der Befreiung Bürgermeister von Nancy und Abgeordneter der »Assemblée consultative« (Beirat). Wird »Inspecteur départemental de l'enseignement technique« (Departement-Schulrat für technische Ausbildungslehrgänge).

**1945–1947**
Goldmedaille der »Société d'encouragement pour l'industrie nationale« und des »Ministère de la Reconstruction et de l'Urbanisme« (Gesellschaft zur Förderung der Industrie und Ministerium für Wiederaufbau und Städtbau). Bau der Fabrik Maxéville. Eröffnung 1947.

**1947**
Pechiney (Aluminiumkonzern mit Anteilen bei »Les Ateliers Jean Prouvé«) weist die Fabrik als »Usine pilote« (Modellfabrik) aus. Steph Simon in Paris verkauft exklusiv die Möbel.

**1948–1949**
Die Fabrik »Les Ateliers Jean Prouvé« fängt an, die Aufmerksamkeit vieler junger Architekten auf sich zu ziehen, die dorthin zur Arbeit kommen.

**1950**
Prouvé erhält verschiedene Auszeichnungen (u. a. Ritter der Ehrenlegion). Das Werk beschäftigt 250 Arbeitnehmer.

**1952**
Grand prix des »Cercle d'Etudes Architecturales« (CEA) für die Fassaden und Curtain-walls des Gebäudes für die »Fédération du Bâtiment«.

**1953**
»Aluminium Français« (Pechiney) gelangt an die Anteilsmehrheit der Fabrik und führt neue Organisation ein. Prouvé kündigt als Direktor.

**1954**
Gründet Entwurfsbüro in Paris.

**1955–1956**
Gründet zusammen mit Michel Bataille die Firma »Les constructions Jean Prouvé«, die 1957 von der »Compagnie Industrielle de Matériel de Transport« (CIMT) übernommen wird. Schild »Beauté France« für den Pavillon »Centenaire d'Aluminium«. Eröffnung Galerie Steph Simon, Boulevard Saint Germain in Paris: Verkauf von Möbeln Prouvés und Charlotte Perriands.

**1957–1969**
Verschiedene Ehrungen (u. a. Chevalier de l'ordre des Arts et des Lettres, Prix Auguste Perret). Erteilt am »Conservatoire National des Arts et Métiers« (CNAM) Unterricht.

**1958**
Berater für den französischen und luxemburgischen Pavillon auf der Expo in Brüssel.

**1960**
Wird Vizepräsident des »Cercle d'Etudes Architecturales« (CEA).

**1964**
Werkausstellung im Musée des Arts Décoratifs in Paris.

**1966**
Verläßt die CIMT, eröffnet (wieder) Beratungsbüro in Paris.

**1971**
Wird Präsident des »Cercle d'Etudes Architecturales« (CEA), leitet die Jury für den Entwurf des Centre Georges Pompidou.

**1976**
Offizier der Ehrenlegion, Ehrendoktorat an der Ecole Polytechnique in Lausanne.

**1981**
Erasmuspreis. Werkausstellung im Museum Boymans-van Beuningen in Rotterdam.

**1982**
Großer Architekturpreis der Stadt Paris, Mitglied der »Commission nationale du Fonds d'Incitation à la Création« (Nationalkommission des Fonds zur Förderung des künstlerischen Schaffens).

**1984**
Stirbt am 23. März in Nancy.

# Jean Prouvé 1901–1984
# Life and work

Jean Prouvé, 1982
Photo: Christine Gleiniger

**1901**
Born on 8 April in Paris, grows up in Nancy.

**1916–1919**
Apprenticeship under art metalworker Emile Robert.

**1919–1921**
Apprenticeship under art metalworker Szabo in Paris. Executes wrought ironwork commissions on his own responsability.

**1921–1923**
Military service.

**1923**
Sets up his own workshop (c. 200 square metres) in Rue Général Custine, Nancy.

**1923–1926**
Makes his first furniture. Uses thin sheet steel, buys new machines and introduces electric welding. Goes to Paris to win customers, meets Robert Mallet-Stevens, Pierre Jeanneret and Le Corbusier. »Diplôme d'honneur« at the Exposition Internationale des Arts Décoratifs in Paris (1925).

**1930–1931**
Founding member of the »Union des Artistes Modernes« (UAM). Moves to a new workshop (c. 2000 square metres) in Rue des Jardiniers, Nancy. With his brother-in-law, the engineer A. Schotte, he sets up a private limited company called »Les Ateliers Jean Prouvé.« Buys heavy folding equipment. Experiments with the shaping of thin sheet steel in order to make a self-supporting structure.

**1931–1939**
Collaborates with the french architects Tony Garnier, Eugène Beaudouin and Marcel Lods.

**1940–1944**
Active member of the »Resistance«.

**1944**
Buys the site for a factory in Maxéville (20000 square metres). After the liberation he becomes mayor of Nancy, a delegate at the »Assemblée consultative« and Departmental Inspector for technical Education.

**1945–1947**
Gold medal from the »Société d'Encouragement pour l'Industrie Nationale« and the »Ministère de la Reconstruction et l'Urbanisme«. Builds a factory in Maxéville which is opened in 1947.

**1947**
Pechiney (an aluminium company with shares in »Les Ateliers Jean Prouvé«) gives the factory the status of a »pilot factory«. The furniture is sold exclusively by Steph Simon, Paris.

**1948–1949**
»Les Ateliers Jean Prouvé« attract many young architects, who join the staff.

**1950**
Prouvé receives several awards (including Chevalier of the Legion of Honour). The factory now employs a work-force of 250.

**1952**
Grand Prix of the »Cercle d'Etudes Architecturales« (CEA) for the facades and curtain walls on the building of the »Fédération du Bâtiment«.

**1953**
»Aluminium Français« (Pechiney) acquires majority shares-holding in the factory and introduces a new system of organization. Prouvé resigns as director.

**1954**
Sets up a design studio in Paris.

**1955–56**
Founds »Les Constructions Jean Prouvé« together with Michel Bataille. Taken over by the »Compagnie Industrielle de Matériel de Transport« (CIMT) in 1957. Wins the »Beauté France« award for his »Centenaire d'Aluminium« pavilion. Opening of Steph Simon's Gallery on the Boulevard Saint Germain in Paris, selling furniture by Prouvé and Charlotte Perriand.

**1958**
Consultant to the French and Luxembourg pavilions at the Brussels Expo.

**1960**
Becomes vice-president of the »Cercle d'Etudes Architecturales« (CEA).

**1964**
Retrospective exhibition at the Musée des Arts Décoratifs in Paris.

**1966**
Leaves CIMT and (re-)opens consulting firm in Paris.

**1971**
Becomes president of the »Cercle d'Etudes Architecturales« (CEA) and heads the jury judging the design competion for the Centre Georges Pompidou.

**1976**
Officer of the Legion of Honour and honorary doctorate at the Ecole Polytechnique, Lausanne.

**1981**
Erasmus Award. Retrospective exhibition at the Boymans-van Beuningen Museum, Rotterdam.

**1982**
»Grand Prix d'Architecture de la Ville de Paris«, member of the »Commission Nationale du Fonds d'Incitation à la Création«.

**1984**
Dies in Nancy on 23 March.

# Jean Prouvé 1901–1984
## Vie et œuvre

Jean Prouvé, années 60

**1901**
Né le 8 avril à Paris, il passe sa jeunesse à Nancy.

**1916–1919**
Apprentissage chez le ferronier d'art Emile Robert.

**1919–1921**
Apprentissage chez le ferronier d'art Szabo à Paris. Réalise ses premiers travaux en fer forgé sous sa propre responsabilité.

**1921–1923**
Service militaire.

**1923**
Ouvre son propre atelier (environ 200 m²) dans la rue du Général Custine, à Nancy.

**1923–1926**
Construit ses premiers meubles. Utilise la tôle d'acier, achète de nouvelles machines et introduit le soudage électrique. Se rend à Paris à la recherche de nouvelles commandes. Rencontre Robert Mallet-Stevens, Pierre Jeanneret et Le Corbusier. Obtient le Diplôme d'honneur à l'Exposition Internationale des Arts Décoratifs de Paris (1925).

**1930–1931**
Est l'un des membres fondateurs de l'Union des Artistes Modernes (U. A. M.). S'installe dans un nouvel atelier (environ 2000 m²) dans la rue des Jardiniers, à Nancy. Fonde, avec son beau-frère, l'ingénieur A. Schotte, la société anonyme «Les Ateliers Jean Prouvé». Achète une machine à agrafer. Expérimente avec le profilage de la tôle d'acier fine afin de créer une charpente autoportante.

**1931–1939**
Collabore avec les architectes Tony Garnier, Eugène Beaudouin et Marcel Gabriel Lods.

**1940–1944**
Est membre actif de la Résistance.

**1944**
Fait l'acquisition d'un terrain pour une usine à Maxéville (environ 20.000 m²). Après la Libération, il devient maire de Nancy, délégué à l'Assemblée consultative et inspecteur départemental de l'enseignement technique.

**1945–1947**
Obtient la médaille d'or de la Société d'Encouragement pour l'Industrie Nationale et du Ministère de la Reconstruction et de l'Urbanisme. Construit son usine à Maxéville qui ouvre ses portes en 1947.

**1947**
Pechiney (société d'aluminium détenant des actions dans les Ateliers Prouvé) donne à l'usine le statut d'«usine-pilote». Les meubles sont vendus par Steph Simon à Paris.

**1948–1949**
Les Ateliers Prouvé commencent à attirer l'attention de nombreux jeunes architectes qui désirent y travailler.

**1950**
Prouvé reçoit plusieurs décorations (et est nommé entre autres Chevalier de la Légion d'honneur). La nouvelle usine emploie désormais 250 personnes.

**1952**
Lauréat du Grand Prix du Cercle d'Etudes Architecturales (C. E. A.) pour la façade et les murs-rideaux de l'immeuble de la «Fédération du bâtiment».

**1953**
Aluminium Français (Pechiney) acquiert la majorité des actions de l'usine et entreprend sa réorganisation. Prouvé démissionne de son poste de directeur.

**1954**
Crée un atelier de design à Paris.

**1955–1956**
En association avec Michel Bataille, fonde «Les Constructions Jean Prouvé» qui sont reprises en 1957 par la «Compagnie Industrielle de Matériel de Transport» (C. I. M. T.). Enseigne «Beauté France» pour le pavillon du Centenaire de l'Aluminium. Ouverture de la Galerie Steph Simon sur le Boulevard Saint Germain à Paris, où les meubles de Prouvé et de Charlotte Perriand sont en vente.

**1957–1969**
Reçoit diverses distinctions, est décoré Chevalier de l'Ordre des Arts et des Lettres et obtient le «Prix Auguste Perret» de l'U. I. A. Enseigne au Conservatoire National des Arts et Métiers (C. N. A. M.).

**1958**
Conseiller aux pavillons français et luxembourgeois à l'Exposition de Bruxelles.

**1960**
Devient vice-président du Cercle d'Etudes Architecturales (C. E. A.).

**1964**
Exposition rétrospective au Musée des Arts Décoratifs de Paris.

**1966**
Quitte le C. I. M. T. et (ré-)ouvre un cabinet d'experts-conseils à Paris.

**1971**
Devient président du Cercle d'Etudes Architecturales (C. E. A.) et du jury pour les plans du Centre Georges Pompidou.

**1976**
Est nommé Officier de la Légion d'honneur et docteur honoris causa à l'Ecole Polytechnique de Lausanne.

**1981**
Reçoit le prix Erasmus. Exposition rétrospective au Boymans-van Beuningen Museum, Rotterdam.

**1982**
Obient le Grand Prix d'Architecture de la Ville de Paris et devient membre de la «Commission nationale du Fonds d'Incitation à la Création».

**1984**
Décède à Nancy le 23 mars.

| Wichtige Werke | Important Works | Principaux ouvrages |
|---|---|---|
| **1918**<br>Schmiedeeisernes Gitter für G. Guillaume; Gestell für Emile Gallé-Vase. | **1918**<br>Wrought-iron grille for Guillaume, stand for Emile Gallé vase. | **1918**<br>Grille en fer forgé pour G. Guillaume, support pour un vase de Emile Gallé. |
| **1923–1926**<br>Aufträge für Aufzugskabinen, Gitter, Beleuchtungsarmaturen und andere Schmiedearbeiten. Fertigt erste Möbel: *chaise inclinable en tôle d'acier, fauteuil métallique inclinable en tôle d'acier,* und *table principe aéronautique.* | **1923–1926**<br>Commissions include lifts cages, trellises, light fittings and other metalwork. Makes his first furniture: *chaise inclinable en tôle d'acier, fauteuil métallique inclinable en tôle d'acier* and *table principe aéronautique.* | **1923–1926**<br>Commandes pour cabines d'ascenseur, grilles, ferrures de luminaires et autres travaux de ferronnerie. Construit ses premiers meubles: *chaise inclinable en tôle d'acier* et *fauteuil métallique inclinable en tôle d'acier, table principe aéronautique.* |
| **1927**<br>Sessel (Stahlblech mit ledernen Armlehnen). | **1927**<br>Armchair (sheet-steel with leather arm rests). | **1927**<br>Fauteuil (tôle d'acier et accoudoirs en cuir). |
| **1928**<br>Stuhl mit einklappbarer Sitzfläche (Stahlblech). | **1928**<br>Chair with fold-up seat (sheet-steel). | **1928**<br>Chaise avec siège à abattant (tôle d'acier). |
| **1929**<br>Garage Marbeuf, Paris. Erstes Patent für eine bewegliche Zwischenwand. | **1929**<br>Marbeuf garage, Paris. First patent for a movable partition wall. | **1929**<br>Garage Marbeuf, Paris. Premier brevet pour une cloison mobile. |
| **1930**<br>Entwurf Stuhl (Stahlblech, Stahlrohr, schichtverleimtes Holz); verstellbarer Sessel *grand repos* (Stahlblech, Zugfedern); Patent für Metalltüren und Schiebefenster; Möbel aus rostfreiem Stahl für das Schiff Koutoubia. | **1930**<br>Designs chair sheet steel, tubular steel and laminated wood, adjustable *grand repos* armchair (sheet-steel and tension springs). Patent for metal doors and sliding windows. Stainless steel fittings for the ship Koutoubia. | **1930**<br>Chaise (tôle d'acier, tubes d'acier, contre-plaqué), fauteuil inclinable *grand repos* (tôle d'acier, ressorts de traction); brevets pour portes métalliques et fenêtres coulissantes; meubles en acier inoxydable pour le navire Koutoubia. |
| **1932**<br>Türen und Möbel für die Universität von Nancy. | **1932**<br>Doors and furniture for the University of Nancy. | **1932**<br>Portes et meubles pour l'Université de Nancy. |
| **1933**<br>Operationssäle und Fenster für das Hôpital de la Grange-Blanche in Lyon. Studie für einen «Gare routière» (Automobilbahnhof) für Citroën (La Villette). | **1933**<br>Operating theatres and windows for the Hôpital de la Grange-Blanche in Lyons. Study for »Gare routière« (automobile station) for Citroën (La Villette). | **1933**<br>Salles d'opération et fenêtres pour l'Hôpital de la Grange-Blanche de Lyon. Etude pour une gare routière pour Citroën (La Villette). |
| **1934**<br>Mobiliar für Freiluftschule in Suresnes. | **1934**<br>Furniture for open-air school in Suresnes. | **1934**<br>Mobilier pour l'école de plain-air de Suresnes. |
| **1935**<br>Verstellbare *chaise longue* (Stahlblech, Stahlrohr), für das Studentensanatorium bestimmt. Auftrag für 800 Schreibtische; Fassadenplatten aus rostfreiem Stahl für die Pariser Elektrizitätsgesellschaft, Luftfahrtklub Roland Garros in Buc (vorgefertigter Bau, Architekten Eugène Beaudouin und Marcel Lods); Prototyp Wochenendhaus BLPS (Architekten Beaudouin und Lods). Entwurf der Konstruktion des »Portique central«. | **1935**<br>Adjustable *chaise-longue* (sheet and tubular steel) for a student sanatorium. 800 desks and stainless steel façade panels for the Paris electricity board. Roland Garros Aviation Club in Buc (prefabricated building, architects Eugène Beaudouin and Marcel Lods); prototype weekend house for BLPS (architects Eugéne Beaudouin and Marcel Lods). Designs »Portique central« construction. | **1935**<br>Chaise longue inclinable (tôle d'acier, tubes d'acier) destinée à un sanatorium pour étudiants. Commande de 800 tables de bureau, de panneaux de façade en acier inoxydable pour l'E. D. F. à Paris; club d'aviation Roland Garros à Buc (bâtiment préfabriqué, architectes Eugène Beaudoin et Marcel Lods); prototype d'une maison de week-end, pour B. L. P. S. (architectes Beaudoin et Lods). Etude du «portique central». |
| **1936**<br>Möbel für Wartesaal des Straßburger Bahnhofs. Nimmt an Wettbewerb für Telefonkabinen teil. | **1936**<br>Furniture for the waiting room at Strasbourg railway station. Takes part in competition for phone box designs. | **1936**<br>Meubles pour la salle d'attente de la gare de Strasbourg. Participe au concours des cabines téléphoniques. |
| **1937**<br>Schulmöbel, darunter *chaise maternelle* (Stahlblech, Stahlrohr, schichtverleimtes Holz); Möbel | **1937**<br>School furniture, including *chaise maternelle* (sheet and tubular steel, laminated wood); | **1937**<br>Meubles scolaires, dont la *chaise maternelle* (tôle d'acier, tubes d'acier, contre-plaqué); |

nach Entwürfen von J. André. Einrichtung für UAM-Pavillon.

**1938**
Maison du Peuple, Paris (Clichy), Architekten Eugène Beaudouin und Marcel Lods. Viele Aufträge für Schulmöbel.

**1939**
Patent für «Maison à portiques», 800 Baracken für die französische Armee. Wochenendhaus «sur pilotis» (auf Stelzen).

**1940**
Holzgaszylinder für Automobile. Fahrradrahmen «Monopoutre» (Stahlblech).

**1941**
Verstellbarer Sessel (Holz, Stahlrohr).

**1941–1943**
Zusammen mit Lods Studien für Fertighäuser. Serienproduktion verschiedener Möbel und Fahrradrahmen. Bau des Ausbildungszentrums in Béziers (Architekt Pierre Jeanneret).

**1944**
Mehr als 1100 zerlegbare Häuser für obdachlose Familien in Lothringen und in den Vogesen.

**1945**
Verstellbarer Sessel (Stahlblech, Stahlrohr). Entwurf »Curtain-wall«.

**1946**
Möbel für Studentenzimmer der Universität von Nancy. Studien für vorfabrizierte Häuser für die »Unité d'habitation« von Le Corbusier in Marseille.

**1947**
Schulen in Croismare und Martinique; Feuerwehrkaserne in Bordeaux; Büro Maxéville (Typ «Portique»).

**1948**
Schreibtisch (Stahlrohr, Holz mit Formica). Studien für leichte Fassadenverkleidungen (Architekten Villinger und Silvy), Métropole-Verkleidung.

**1949**
»Maison à portique, type tropique«, Niamey.

**1950**
Sessel (Stahlblech, Stahlrohr, schichtverleimtes Holz) Typ »Antony«, entworfen für die Universität von Straßburg; verschiedene Schulmöbel (Stahlblech, Holz).

**1952**
Auf dem CIAM-Kongreß in Aix-en Provence Vorstellung von »voile grillé«. Etagenhaus am Square Mozart in Paris.

**1954**
Baut eigenes Haus in Nancy; Pavillon Centenaire d'Aluminium (Architekt Hugonet); nukleare Aufbereitungsanlage St.-Egrève.

furniture designed by J. André, furnishings for UAM pavilion.

**1938**
Maison du Peuple, Paris (Clichy), architects Beaudouin and Lods. Many commissions for school furniture.

**1939**
Patent for his »maison à portique«. 800 prefabricated huts for the French army. Weekend residence »sur pilotis« (on stilts).

**1940**
Wood gas cylinders for cars. »Monopoutre« bicycle frames (sheet-steel).

**1941**
Adjustable armchair (wood, tubular steel).

**1941–1943**
Designs prefab houses together with Lods. Serial production of various furniture items and bicycle frames. Training centre in Béziers (architect Pierre Jeanneret).

**1944**
More than 1100 demountable houses for homeless families in Lorraine and the Vosges.

**1945**
Adjustable armchair (sheet and tubular steel). Designs »curtain-wall«.

**1946**
Furniture for students' rooms at the University of Nancy. Designs prefab houses for Le Corbusier's Unité d'Habitation in Marseilles.

**1947**
Schools in Croismare and Martinique; fire-brigade barrackes in Bordeaux; office in Maxéville (of the »portique« type).

**1948**
Desk (tubular steel and wood with formica). Designs light façade panels (architects Villinger and Silvy); Métropole cladding.

**1949**
»Maison à portique, type tropique«, Niamey.

**1950**
Armchair (sheet and tubular steel, wood) of the »Antony« type for the University of Strasbourg; school furniture (sheet-steel and wood).

**1952**
Presents »voile grillé« at the CIAM conference in Aix-en-Provence. Square Mozart block of flats, Paris.

**1954**
Builds his own house in Nancy. Pavilion for the Centenaire d'Aluminium (architect Hugonet), St-Egrève nuclear processing plant.

**1955–1956**
Abbé Pierre House; pavilion for Evian (Savoie).

meubles d'après les dessins de J. André; ameublement du pavillon de l'U. A. M.

**1938**
Maison du Peuple, Paris (Clichy), architectes Beaudoin et Lods. Nombreuses commandes de meubles scolaires.

**1939**
Brevet pour une «maison à portique», 800 baraques pour l'armée française, maison de week-end «sur pilotis».

**1940**
Cylindre à gaz de bois pour voitures. Cadre de bicyclette «monopoutre» (tôle d'acier).

**1941**
Fauteuil inclinable (bois, tubes d'acier).

**1941–1943**
Etudes de maisons préfabriquées avec la collaboration de Lods. Production en série de différents meubles et cadres de bicyclette. Construction du centre de formation professionnelle de Béziers (architecte Pierre Jeanneret).

**1944**
Plus de 1.100 maisons démontables pour des familles sans-abri de Lorraine et des Vosges.

**1945**
Fauteuil inclinable (tôle d'acier, tubes d'acier). Etudes des murs-rideaux «curtain-wall».

**1946**
Meubles pour la salle des étudiants de l'Université de Nancy, études de maisons préfabriquées pour l'Unité d'habitation de Le Corbusier à Marseille.

**1947**
Ecoles à Croismare et à la Martinique; caserne de pompiers à Bordeaux; bureau à Maxéville (type «portique»).

**1948**
Table de bureau (tubes d'acier, bois et formica). Etudes de légers revêtements de façade (architectes Villinger et Silvy), panneaux Métropole.

**1949**
«Maison à portique, type tropique», Niamey.

**1950**
Fauteuil (tôle d'acier, tubes d'acier, contre-plaqué), type «Antony», pour l'Université de Strasbourg. Meubles scolaires (tôle d'acier, bois).

**1952**
Présentation d'un «voile grillé» au congrès du C. I. A. M. à Aix-en-Provence. Maison à plusieurs étages, square Mozart à Paris.

**1954**
Construction de sa propre maison à Nancy; du pavillon pour le Centenaire d'Aluminium (architecte Hugonet); de l'usine de traitement de St.-Egrève.

1955–1956
Haus Abbé Pierre, Kurpavillon von Evian.

1957
Zerlegbare Schulbauten in Villejuif, Val-de-Marne; Studie »Maison Alba«.

1958
»Maison Saharienne« (zusammen mit Charlotte Perriand und Claude Prouvé).

1959
Wohnung in Cordon. Fassadenverkleidung für Gebäude «Les Pâquerettes» in Nanterre. Jugendzentrum in Paris.

1961
Universitätsgebäude in Lyon; nukleare Aufbereitungsanlage Pierrelatte; Hallenbad in Paris.

1962
Häuser in Saint-Dié und Beauvallon.

1963
Bahnhof Orléans. Studie »Tabouret«-Schulen; Ski-Station (Interieur Charlotte Perriand).

1964
Pavillon Parc des Floralies.

1965–70
Total-Tankstellen (Architekt Pétroff).

1966
Fassade des Laboratoriums der Sandoz in Rueil-Malmaison; Fassade Rathaus von Grenoble.

1967
Ausstellungskomplex in Grenoble.

1968
Fassade des medizinischen Fakultät der Erasmus Universität in Rotterdam.

1969
Fassade Freie Universität Berlin; Schule für Architektur, Nancy.

1970
Bürogebäude der Kommunistischen Partei Frankreichs, Paris; Haus Saint-Gobain.

1971
Lyzeum in Béziers.

1973
Schule in Trappes.

1974
Apartementhaus in Créteil.

1975
Teilnahme an der Ausschreibung »La Villette«.

1980
Radarstation in Ouessant, Bretagne.

1983
Wartehäuschen für RATP (Paris).

1957
Demountable school buildings in Villejuif, Val-de-Marne. Study for »Maison Alba« (aluminium and reinforced concrete).

1958
»Maison Saharienne« (together with Charlotte Perriand and Claude Prouvé).

1959
Apartment in Cordon, takes part in competition for sports hall in Cachan, façade panels for »Les Pâquerettes«, Nanterre; youth centre in Paris.

1961
University buildings in Lyons; Pierrelatte nuclear processing plant; indoor swimming-pool in Paris.

1962
Houses in Saint-Dié and Beauvallon.

1963
Railway station in Orléans; study for »Tabouret« schools and skiing station (interior by Charlotte Perriand).

1964
»Parc des Floralies« pavilion.

1965-70
Total service stations (architect Pétroff).

1966
Sandoz laboratory façades in Rueil-Malmaison; Grenoble town hall façade.

1967
Grenoble exhibition complex.

1968
Façade of the Medical Faculty at the Erasmus University, Rotterdam.

1969
Façade for the Free University of Berlin; School of Architecture, Nancy.

1970
Offices for the French Communist Party, Paris; Saint-Gobain House.

1971
Lycée in Béziers.

1973
School in Trappes.

1974
Block of flats in Créteil.

1975
Takes part in La Villette competition.

1980
Radar station in Ouessant, Brittany.

1983
Booths for RATP, Paris.

1955–1956
Maison de l'abbé Pierre; buvette d'Evian.

1957
Bâtiments scolaires démontables à Villejuif, Val-de-Marne. Etude «Maison Alba» (aluminium et béton armé).

1958
«Maison Saharienne» (en collaboration avec Charlotte Perriand et Claude Prouvé).

1959
Appartement à Cordon. Participation au concours pour le gymnase de Cachan. Revêtement pour la façade du bâtiment «Les Pâquerettes» à Nanterre. Maison de la Jeunesse à Paris.

1961
Bâtiments universitaires à Lyon; usine de traitement à Pierrelatte; piscine couverte à Paris.

1962
Maisons à Saint-Dié et à Beauvallon.

1963
Gare d'Orléans; écoles «Tabouret»; station de ski (intérieur Charlotte Perriand).

1964
Pavillon, parc des Floralies.

1965–70
Stations d'essence Total (architecte Pétroff).

1966
Façade du laboratoire Sandoz à Rueil-Malmaison; façade de l'hôtel de ville de Grenoble.

1967
Parc d'expositions de Grenoble.

1968
Façade de la Faculté de médecine de l'Université Erasmus de Rotterdam.

1969
Façade de l'Université libre de Berlin, Ecole d'Architecture de Nancy.

1970
Bureau du parti communiste français, Paris; maison Saint-Gobain.

1971
Lycée à Béziers.

1973
Ecole à Trappes.

1974
Immeuble à Créteil.

1980
Station radar à Ouessant, Bretagne.

1983
Abris pour la R. A. T. P. (Paris).

## Bibliographie (Auswahl)
## Bibliography (selected)
## Bibliographie (choix)

**Allgemeine Veröffentlichungen**
**General publications**
**Publications générales**

Decorative Art, *Studio Year Book,* 1932

Pierre Vago, «Art Décoratif au Salon d'Automne», *Architecture d'Aujourd'hui,* 1936, no. 10, pp. 90–108

Anonymous, «Exposition de meubles scolaires en acier», *Acier,* 1937, no. 1, pp. 2–15

Maurice Barret, «Le problème du mobilier scolaire», *Architecture d'Aujourd'hui,* 1938, no. 8, pp. 84–86

Maurice Barret, «Le problème du mobilier scolaire», *Architecture d'Aujourd'hui,* 1939, no. 2, pp. 54–56, 63, 68

René Herbst, *25 années UAM, 1930–1955,* Paris, 1955

André Hermant, *Formes utiles,* Paris, 1959

**Literatur über Jean Prouvé**
**Literature on Jean Prouvé**
**Publications sur Jean Prouvé:**

Victor Guillaume, «Le ferronnier Jean Prouvé», *Bulletin Artistique de l'Est,* année 22 (1923), no. 1, p. 2

Verschiedene Autoren / Various authors / Divers auteurs, «Jean Prouvé», *Architecture,* 1954, no. 11–12

Françoise Choay, «Jean Prouvé», *L'œil,* 1958, no. 46, pp. 6–69

*Jean Prouvé. Une architecture par l'industrie,* hgg. Benedikt Huber, Jean-Claude Steinegger, Zürich, 1971

Dominique Clayssen, «Un entretien avec Jean Prouvé», *Techniques et Architecture,* 1979, no. 327, pp. 143–146

Dominique Clayssen, *Jean Prouvé, l'idée constructive,* Paris, 1983

J. C. Bignon, C. Coley, *Jean Prouvé entre artisanat et industrie, 1923–1939,* (Ecole d'Architecture de Nancy), Nancy, 1990

*Jean Prouvé «constructeur»,* Centre Georges Pompidou, Paris, 1990

**Ausstellungen**
**Exhibitions**
**Expositions**

*Jean Prouvé,* Musée des Arts Décoratifs, Paris, 1964

*Jean Prouvé,* Maison de la Culture et des Loisirs, Saint-Etienne, 1973

*Rétrospective de l'œuvre de Jean Prouvé,* Ecole Technique Supérieure de Genève, Genf 1977

*Paris-Paris 1937–1957,* Centre Georges Pompidou, Paris, 1981

*Jean Prouvé. Constructeur,* Boymans-van Beuningen Museum, Rotterdam, 1981

*Jean Prouvé,* Musée des Arts Décoratifs, Paris, 1982

*Architecture et Industrie,* Centre Georges Pompidou, Paris, 1983

*Jean Prouvé,* Institut français d'Architecture, Paris, 1983

*Les années 50,* Centre Georges Pompidou, Paris, 1980

*Les années UAM 1929–1958,* Musée des Arts Décoratifs, Paris, 1988

*Jean Prouvé, mobilier 1924–1953,* Galeries Down Town et Touchaleaume, Paris, 1988

*Jean Prouvé, meubles 1924–1953,* Musée des Arts Décoratifs, Bordeaux, 1989

*Jean Prouvé «constructeur»,* Centre Georges Pompidou, Paris 1990/91

Unser Dank gilt an erster Stelle Herrn Axel Bruchhäuser für seine engagierte Unterstützung. Alle von Peter Strobel, Köln, fotografierten Möbel Jean Prouvés stammen aus dem Stuhlmuseum Burg Beverungen und von TECTA, Lauenförde. Die abgebildeten Zeichnungen, Entwürfe, Kataloge und Fotografien wurden, wenn nicht anders vermerkt, von dem Jean-Prouvé-Archiv im Stuhlmuseum Burg Beverungen zur Verfügung gestellt.

We would like to extend special thanks to Mr. Axel Bruchhäuser for his kind and generous support. All the Jean Prouvé furniture photographed by Peter Strobel comes from the Burg Beverungen Chair Museum and TECTA, Lauenförde. Unless otherwise indicated, the drawings, designs, catalogues and photographs included were kindly provided by the Jean-Prouvé-Archives at the Burg Beverungen Chair Museum.

Nous remercions en premier lieu Monsieur Axel Bruchhäuser pour son actif soutien. Tous les meubles de Jean Prouvé qui ont été photographiés par Peter Strobel, Cologne, proviennent du musée de chaises Burg Beverungen et de TECTA, Lauenförde. Sauf indication contraire, les dessins, esquisses, catalogues et photographies de cet ouvrage ont été mis à disposition par les Archives Jean Prouvé du musée de chaises Burg Beverungen.